**Gebrauchsanweisung
für die Türkei**

Iris Alanyali

**Gebrauchsanweisung
für die Türkei**

Piper München Zürich

ISBN-13: 978-3-492-27530-9
ISBN-10: 3-492-27530-3
3. überarbeitete Auflage 2006
© Piper Verlag GmbH, München 2004
Karte: cartomedia, Karlsruhe
Gesamtherstellung: Clausen & Bosse, Leck
Printed in Germany

www.piper.de

Inhalt

1. Statt einer Einleitung oder
   Darf ich vorstellen: meine türkische Oma — **9**
2. Istanbul – der Traum von einer Stadt — **21**
3. Wo sich die Türkei direkt neben uns
   niederläßt: eine Fahrt im Überlandbus — **30**
4. Gutes Benehmen für den teutonischen
   Schnäppchenjäger — **46**
5. Atatürk oder Das Pin-up gegen
   Kopftücher und Schnauzbärte — **62**
6. Wie die liebestollen Köche des Sultans
   die türkische Küche zu einer der besten
   der Welt machten — **76**
7. Wer braucht schon seine oberste
   Hautschicht oder Ein Besuch im
   Hamam — **95**
8. Glaube ist gut, Aberglaube ist besser — **106**
9. Im Land der wilden Antike — **118**
10. Zum Heulen schön oder Die Türken
    und ihre Liebe zur Musik — **136**

11. Sodom und Gomorrha im Paradies:
    Die Mittelmeerküste **146**
12. Statt eines Abschieds:
    Die Türkei auf dem Weg nach Europa **163**

Kleine Aussprache-Hilfe **183**

Literaturhinweise **185**

1. Statt einer Einleitung oder Darf ich vorstellen: meine türkische Oma

Eigentlich bin ich sehr untürkisch. In meiner Wohnung stehen nicht auf jedem freien Quadratzentimeter, auf Lautsprechern, Nachttischen und Fernseher, Familienfotos. Aber ein Schwarzweißbild gibt es, das hängt über meinem Schreibtisch und ist mir heilig. Es ist über vierzig Jahre alt und hat diesen Braunstich, der die Gedanken in längst vergangene Zeiten schweifen läßt, eine Patina, die Geschichten erzählt, die von Hoffnung handeln, von Abenteuerlust und von Fernweh. Das Foto zeigt einen Balkon in Istanbul.

Im Hintergrund nur die schweren Äste eines Baums, die ins Leere hängen. Gegenlicht blendet die Welt hinter dem Geländer aus. Vor dem schmiedeeisernen Gitter sitzen sich ein junger Mann und eine ältere Frau gegenüber. Auf dem Tisch zwischen ihnen benutzte Teller. Eine Karaffe, noch halbvoll mit Wasser. Ein Stück Brot, ein tulpenförmiges Glas Tee. Der junge Mann lehnt sich leicht nach vorn, sein Arm ruht lässig auf der Tischkante. Das Sakko wirft lockere Falten, die Krawatte sitzt perfekt. Gute Kleidung, sagt der Mann noch heute, ist der halbe Weg zum Erfolg.

Das hat er von seiner Mutter. Kerzengerade sitzt sie ihm gegenüber. Den Teller hat sie beiseite geschoben, die Unterarme ruhen auf dem Tisch, die Finger ineinander verschränkt. Es ist kühl in Istanbul in diesen Tagen, eine leichte Wolljacke liegt über ihren Schultern. Aufmerksam hört sie ihrem Sohn zu. Er ist jetzt zweiundzwanzig, er will seinen Weg machen. Er will nach Europa. Geh, sagt seine Mutter. Gott sei mit dir.

Mein Vater ging nach Deutschland. Dort bin ich geboren und aufgewachsen. Aber wann immer ich kann, besuche ich den Balkon von Istanbul.

Er hat sich verändert. Ein modernes Stahlgeländer hat die gußeisernen Stäbe ersetzt, auch der Baum ist weg. Der Tisch und die Stühle sind inzwischen aus Plastik. Die Aussicht besteht aus einem Park vor und einem Parkplatz unter uns. Es ist wahrscheinlich der häßlichste Balkon Istanbuls, für mich aber der schönste Platz auf der Welt. Auf ihm treffen sich vier Generationen und erzählen die Geschichte meiner Familie.

Und um eines gleich klarzustellen: Außer dem weißen Tuch aus dünnem Tüll, das sich meine Oma zum Beten überwirft, gibt es in dieser Familie kein einziges Kopftuch. Auch habe ich weder acht Geschwister, noch wurde ich bei meiner Geburt zwangsverheiratet. Es handelt sich um eine ziemlich durchschnittliche türkische Mittelstandsfamilie, obwohl meine Oma wahrscheinlich sagen würde: »Wir stammen aus einer der angesehensten Familien von Izmir, der kultiviertesten Stadt der Türkei.« Mit der Geburt meiner jüngeren Schwester zog meine Oma mit ihrer Schwester allerdings nach Deutschland. Türkische Omas und Großtanten sehen ihre Hauptaufgabe nämlich darin, ihren einzigen Sohn und ihre liebreizenden Enkelinnen zu verwöhnen. Wogegen weder der einzige Sohn noch die liebreizenden Enkelinnen etwas einzuwenden haben. Die deutsche Schwiegertochter dagegen kann das manchmal in den Wahnsinn treiben.

Meistens bin ich im Sommer in Istanbul, bei meiner Tante. Kaum sitze ich mit einem Buch auf dem Balkon, kommt meine Oma, die mit meiner Großtante gern den ganzen Sommer in der Türkei verbringt, hinterhergeschlurft und reicht mir ein Kissen: »*Al, kızım*, nimm, mein Mädchen«, sagt sie, »erkälte dich nicht.« Nichts ist für türkische Omas so wichtig wie ein Kissen. Türkischen Omas zufolge kommt das Übel in Gestalt einer Erkältung über die Welt und hat leichtes Spiel mit ungeschützten Blasen. Das Osmanische Reich dürfte wegen schlecht gepolsterter Sättel untergegangen sein, und ich bin sicher, meine Oma hätte auch eine einfache Erklärung für den kläglichen Zustand so mancher türkischer Staatspräsidenten.

»Was ist nur aus der Türkei geworden«, sagt meine Großtante, die mit der »*Hürriyet*« in der Hand als Nächste den Balkon betritt. Am meisten interessieren sie in dem Boulevardblatt die Affären türkischer Filmstars, aber wegen ihrer Vergangenheit als Sekretärin in Atatürks Volkspartei fühlt sie sich zu regelmäßigen politischen Kommentaren verpflichtet, besonders wenn wieder einmal von kopftuchtragenden Studentinnen berichtet wird. »Der Schnitt meiner Kostüme damals kam direkt aus Paris...«, hebt sie an. »Jetzt kommt Bette Davis«, murmelt meine Oma und rollt mit den Augen. »...wie die junge Bette Davis sah ich aus!« fährt meine Großtante fort. »Du glaubst gar nicht, wie viele Ärzte und Offiziere um meine Hand angehalten haben!«

Türkischen Großtanten geht nichts über einen *doktor* oder *subay*. Eine Uniform ist fast noch besser als ein Kissen. Aber meine Großtante hat nie geheiratet. Das Schicksal ihrer älteren Schwester habe sie davon abgehalten, sagt sie. Denn meine Oma ist eine Geschiedene. Sie muß eine ungewöhnliche Frau gewesen sein. Denn sie wollte nie heiraten, sie wollte studieren. Irgend etwas mit Sprachen. Ihre älteren Brüder haben es nicht erlaubt. Sie wollte auch schwimmen lernen. Im Stadtbad gucken die Männer durch die Löcher im Zaun, haben die Brüder gesagt. Die mußten es ja wissen. Die Eltern haben dann einen Schwiegersohn ausgesucht. Aus guter Familie. Er war bereits einmal verheiratet und brachte zwei Kinder mit in die Ehe. Meine Oma hat es nicht lange mit ihm ausgehalten. Sie nahm ihren Sohn zurück in ihr Elternhaus, und mein Vater wuchs mit seiner Großmutter, Großtante, Mutter, Tante und ihren 17 Katzen auf. »Ein Wunder, daß ich nicht schwul geworden bin«, sagt er heute. Dann kichert meine Oma und schüttelt mit dem Kopf. »*Allah korusun!*« ruft sie, »Gott behüte!«

Denn ein Mann im Haus ist türkischen Frauen wichtig. Sozusagen als Exekutive. Die heimliche Legislative aber bilden jene, die die Erziehung in der Hand halten. Das war schon unter den Oghusen so, wie anatolische Mythen erzählen, das bestätigen im 15. Jahrhundert arabische Reisende, die in ihren Briefen die stolzen Nomadinnen Anatoliens entsetzt mit ihren braven Frauen zu Hause verglichen, und das fand seinen berühmtesten Ausdruck im Osmanischen Reich, das über Jahrzehnte von der jeweiligen Sultansmutter aus dem Harem des Topkapı Palastes heraus regiert wurde. Was ist das vordergründige Familienoberhaupt letztlich auch anderes als der Sohn seiner Mutter?

Und die höchste moralische Instanz ist die Oma. Denn nichts wird in der Türkei so respektiert wie das Alter. Wer älter ist als man selbst, hat potentiell mehr erlebt, gesehen und gefühlt. Dafür verdient er prinzipiell mehr Achtung. Das fängt schon bei kleinen Geschwistern an, die niemals gleichberechtigt erzogen werden. Der oder die Ältere hat immer mehr Rechte, muß aber auch entsprechend mehr

Verantwortung tragen. Ein wohltariertes Autoritätsgefüge macht die türkische Familie zu einem der stabilsten sozialen Netze, das man sich vorstellen kann. Ein Türke kann noch so modern und längst ausgezogen sein und die Freuden des Individualismus' in vollen Zügen genießen – letztlich bleiben persönliche Angelegenheiten zeit seines Lebens ein Fall für den Familienrat, und gegen dessen Ansichten wird, wenn überhaupt, nur mit Gewissensbissen verstoßen. Und dann muß er damit leben, daß Eltern oder Großeltern oder beide bis in alle Ewigkeit keine Gelegenheit auslassen werden, die eigenmächtige Entscheidung mit einem vorwurfsvollen »*Alllahallahallah!*« (»Achgottachgottachgott«) zu kommentieren.

Wie wichtig die verwandtschaftlichen Beziehungen sind, zeigt schon die Tatsache, daß es für türkische Familienmitglieder ganz genaue Bezeichnungen gibt – ganz so, wie Eskimos die verschiedenen Schneesorten durch Dutzende Worte auseinanderzuhalten wissen. Meine Oma zum Beispiel ist meine *babaanne*, weil es sich um die Mutter meines Vaters handelt: *Baba* heißt Vater, *anne* ist die Mutter. *Babaanne* also bedeutet »Vatermutter«. Wäre sie meine Großmutter mütterlicherseits, hieße sie *anneanne*. Der Großvater hingegen ist einfach der *dede*. Wahrscheinlich ist er einfach zu unbedeutend für genauere Spezifikation, steht der Mann doch spätestens ab dem Moment, da er nicht mehr für das Familieneinkommen sorgt, vollkommen unter der Fuchtel seiner Frau.

Mangels Opa bekleidet in unserer Familie der Mann meiner Tante diese Rolle. Mit einem Zigarillo im Mundwinkel und zwei Kissen unterm Arm ist er uns auf den Balkon gefolgt. »*Al, kızım*, nimm, mein Mädchen«, sagt er und gibt mir eines davon. Meine Oma wedelt mit den Armen den Rauch von sich und sagt: »*öföföff*«, was so viel heißt wie »igittigitt«.

Mein Onkel rückt näher ans Geländer und sieht in den Park. Früher spielten auf dem Brachland kurdische Jungs Fußball, heute joggen moderne Türkinnen paarweise durch eine gepflegte Grünanlage. Er hat sich noch nicht an die Joggerinnen gewöhnt. Mein Onkel ist fast achtzig, meine Tante wurde mit einem zwanzig Jahre älteren Mann verheiratet. Vor vielen Jahren habe ich ihn dabei erwischt, wie er sich heimlich das Spätprogramm im türkischen Fernsehen ansah: leicht bekleidete Damen zu flotter Musik hüpfend – es war eine deutsche Aerobic-Sendung, wie sie in den Achtzigern bei uns zur Frühgymnastik lief. Inzwischen bringen Satelliten auch nackte Busen in die Türkei. Nackte Busen findet meine Oma ungefähr genauso schlimm wie Kopftücher. Gläubig ist man im Herzen, sagt sie: »Dieses Landvolk ruiniert unseren Ruf.« Meine Großtante erwähnt ihr Kostüm aus Paris. Keinen deutschen Stammtisch habe ich jemals hochnäsiger über die armen einfachen Anatolier urteilen hören als meine Oma und Großtante.

Die kurdischen Jungs aus dem Park sind älter geworden. Jetzt verkaufen sie Obst und Gemüse auf dem Markt, der zweimal pro Woche die Autos vom Parkplatz unter uns verdrängt. Alle Türkinnen im Viertel kaufen am liebsten bei den Kurden, die haben die beste Ware. »Komm *abla*, solche Pfirsiche hast du noch nie gesehen!« ruft ein Bauer einer Hausfrau zu. »Aber nur, wenn die *abla* Pfirsiche auf den Augen hat«, sagt meine Großtante und lugt mit kritischem Blick durchs Geländer. *Abla* ist eigentlich die Bezeichnung für »ältere Schwester«, aber auch die respektvoll-freundliche Anrede für eine ältere Freundin und alle Türkinnen, denen man etwas verkaufen will. Die männliche Entsprechung ist *ağabey*, »älterer Bruder«. Haben die Angesprochenen ein gewisses Alter überschritten, verwendet man *teyze* und *amca*, Tante und Onkel, um Kunden zu zeigen, daß man sie so gern hat, daß man sie am liebsten in die Familie aufnehmen würde. Lassen sich Geschäfte doch unter Verwandten gleich viel entspannter regeln.

Meine Großtante aber ist eine besonders schwierige *teyze*, gefürchtet bei allen Händlern. Stunden können vergehen, bis aus einwandfreien Pfirsichen perfekte Pfirsiche ausgewählt worden sind. Das Reich meiner Großtante, die klein und inzwischen anders als Bette Davis fast so breit ist wie hoch, ist die Küche. Ihre Kochkünste wußte schon halb Izmir zu schätzen, aber ihre Reinlichkeitsneurose bringt die ganze Familie auf die Palme. Denn meine Großtante ißt nichts, was nicht ordentlich durchgekocht oder von ihren eigenen Händen geputzt wurde. Die Hände sind rissig vom vielen Waschen, und für die Zähne benutzt sie zusätzlich Seife, weil sie Zahnpasta allein nicht traut.

Da kommt meine älteste Cousine mit dem Tee auf den Balkon. Sie ist eigentlich gar nicht meine richtige Cousine. Meine Tante hat sie zu sich genommen, als sie noch das kleine Mädchen einer ärmeren Großfamilie war. Bis in die Mitte des letzten Jahrhunderts war das üblich, eine Art inoffizieller Adoption, die beiden Seiten half: Wohlhabendere Stadttürken übernahmen den Unterhalt und die Ausbildung eines Kindes und bekamen dafür ein langjähriges Au pair, und die leibliche Familie auf dem Land hatte ein Maul weniger zu stopfen. Meine Adoptivcousine allerdings ist irgendwie bei meiner Tante hängengeblieben, es gab da wohl ein paar unglückliche Liebesgeschichten, nach denen sie immer wieder in den tröstenden Schoß ihrer Wahlfamilie zurückkehrte.

Jetzt macht sie mit zwei Kannen die Runde. In der größeren ist das heiße Wasser, die kleinere enthält schwarzen Teesud. Das Geheimnis liegt im individuellen Mischverhältnis, mit dem der Tee in den Gläsern landet, und jeder möchte seinen unterschiedlich »hell« oder »dunkel«. Chinas Zeremonien sind nichts gegen die komplizierte Logistik, die der Nachmittagstee einer türkischen Familie erfordert.

Ich bekomme meinen Tee als letzte. Wahrscheinlich kann ich froh sein, daß ich überhaupt welchen bekomme. Meine jüngere Schwester hat sich nämlich inzwischen zu uns gesetzt. Und sie hat vor kurzem geheiratet. Seitdem bin ich keineswegs mehr die ehrwürdige ältere *abla*. Seitdem bin ich ein Nichts. Meine jüngere Schwester bekommt am Tisch plötzlich als erste serviert – noch vor meinem Vater, dem Abenteurer, dem Augenstern, dem weitgereisten Helden der gesamten Verwandtschaft! Meine Schwester bekommt mindesten fünf Kissen, meine Schwester bekommt hier ein Geschenk und da einen Talisman – und ich muß mir dumme Fragen anhören: »Naaaa, können wir bei dir auch noch hoffen?«

Nach türkischer Ansicht ist das oberste Ziel jeder Frau nämlich die Heirat. Moderne Türkinnen studieren, sie suchen sich eine Arbeit und stehen auf eigenen Beinen. Sie sind sehr schick und sehr gepflegt und sehr schlank. Aber Türkinnen tun das alles keineswegs »für sich selbst«. Selbst wenn mittlerweile auch türkische Frauenmagazine diese Parole ausgeben: Über solch fundamentalfeministische Albernheiten pflegt die selbstbewußte Türkin nur den Kopf zu schütteln. Sämtliche attraktivitätssteigernde Maßnahmen, die sie ergreift, haben nur einen Zweck: einen Ehemann anzulocken. Erst mit dem Ja-Wort nämlich kann sich der weibliche Körper entspannen.

Wenn der Mann es sich leisten kann, verzichten türkische Frauen nach der Heirat auch ganz selbstverständlich aufs Arbeiten. Das hat dann weniger mit dem männlichen Ehrenkodex zu tun, demzufolge man seine Frau nicht arbeiten gehen läßt, weil das nur hieße, daß man nicht alleine für die Familie sorgen kann. Das hat vielmehr den Grund, daß die Ehefrau dann um so mehr Zeit fürs Shoppen, den Kaffeeklatsch mit den Freundinnen und das schicke neue Fitneßcenter hat (das spätestens nach dem dritten Besuch auf den Wellnessfaktor reduziert wird). Und in dem Moment, wo sie mit der Nachricht ihrer Schwangerschaft vom Arzt kommt, setzt sie sich ganz vorsichtig aufs Sofa und ist fortan eine besonders zarte und zerbrechliche Orchidee, die mit äußerster Hingabe umsorgt werden will. Ganz besonders vom Ehemann.

So in etwa sieht die Zukunft meiner Schwester aus, die sämtliche Tanten und Cousinen gerade vor ihrem erfahrenen Auge abspulen lassen. Zumal meine Schwester auch noch einen deutschen und damit verweichlichten Mann hat, was die Machtübernahme bedeutend einfacher macht.

Ich hingegen bin auf dem besten Weg, zum Schreckensgespenst einer unverheirateten *baldız* zu werden. Was in Deutschland die Schwiegermutter, ist in der Türkei nämlich die unverheiratete Schwägerin. Insbesondere auf dem Land, wo ein junges Ehepaar nicht unbedingt seinen eigenen Haushalt gründet, läßt sie ihren ganzen Frust an den frischvermählten Mitbewohnern aus. *Baldız çuvaldız* heißt es dort, und *görümce örünce*: *Baldız* ist die Schwester des Ehemannes, *görümce* die der Ehefrau. Die *baldız* stichelt wie eine grobe Nadel, die *görümce* spinnt ihre intriganten Netze wie eine Spinne.

Zum Glück habe ich einen Trumpf im Ärmel: Ich bin nämlich nicht nur liiert. Ich bin mit einem Amerikaner liiert. Und schon glimmt ein Leuchten auf in sämtlichen Augen auf dem Balkon: Unser eigener Amerikaner! Ein potentielles Familienmitglied im gelobten Land! Scharen meiner jetzigen und künftigen Großcousins und Großcousinen werden in Gedanken bereits über den großen Teich geschickt. Denn jeder Türke, der es sich finanziell leisten kann, sorgt dafür, daß eine Ausbildung im Ausland dem Nachwuchs den Weg in eine glorreiche Zukunft ebnet. Und die liegt bei aller Heimatliebe prinzipiell im Westen. Weshalb man übrigens in türkischen Großstädten oder an der Küste keine Angst vor einem eventuellen Arztbesuch haben muß: Viele habe ihre Ausbildung in den USA absolviert und sind mit den immer neuesten Geräten besser ausgestattet als so mancher Hausarzt im Heimatland.

Meine *hala*, die Schwester meines Vaters, betritt den Balkon. Sie ist wie immer auf 180 wegen des Verkehrs, der sie fast zwei Stunden auf der Bosporus-Brücke festgehalten hat, und fängt als mittlerweile echte Istanbulerin sofort an, über die Stadt zu schimpfen. Der Verkehr, der Dreck, die Menschenmassen. Als sie sieht, daß wir Tee trinken, eilt sie in die Küche, um sich eine »richtige Tasse« zu holen. Der Rest trinkt wie ich aus den tulpenförmigen Gläschen. Anerkennend wird bemerkt, daß ich meinen Tee dunkler trinke als im letzten Sommer: »Aus dir machen wir noch eine richtige Türkin!« Dabei habe ich nur endlich begriffen, daß der starke Tee nichts als ein Vorwand für möglichst viel Zucker ist.

Meine Großtante hat *poğaça* gebacken, mit Schafskäse gefüllte Halbmonde aus Hefeteig, die auf den Steinfußboden krümeln. Während winzige silberne Löffel in unseren Gläsern klirren, lassen wir unsere Blicke schweifen. Am Balkongeländer der Nachbarin vom Nebenhaus hängen seit Wochen rote Paprika und dunkle Auberginen, aufgefädelt an einem Bindfaden. Herrlich sieht das aus, und mir wird ganz türkisch zumute. »Nimmt die Gute ihr vertrocknetes Gemüse wohl irgendwann auch wieder rein?« fragt meine Tante. »Wir sind hier doch nicht in einem Gemüseladen in Kreuzberg«, ergänzt mein Onkel weltläufig und blinzelt mir stolz zu. Jetzt kommt die Geschichte, wie er seinen Studienfreund besucht hat, als die Mauer noch stand. Wegen der altmodischen Kamine habe es bei seiner Rundfahrt durch Ost-Berlin gerochen wie in Istanbul, da habe er sich fast zu Hause gefühlt. »*Öföföff*«, sagt meine Oma. Nur der Kommunismus ist für türkische Omas noch schlimmer als ungepolsterte Stühle.

Da fängt es in der Luft an zu knacken. Die Lautsprecher Dutzender Moscheen rufen zum Gebet. Meine Oma murmelt eine kurze Formel. Sie ist längst zu alt, um niederzuknien. Aber ich erinnere mich gut an ihren Gebetsteppich aus gesteppter grüner Seide. Fünfmal täglich holte sie ihn hervor und neigte sich im Wohnzimmer gen Mekka. Das graue Haar, zum Knoten gebunden, schimmerte als dunkler Schatten unter einem weißen Tuch hervor. Ihre Augen blickten ins Irgendwo, und ihre Arme hatte sie leicht ausgebreitet, mit den geöffneten Handflächen nach oben, als seien unsichtbare Reichtümer von dort zu erwarten und bräuchten nur aufgefangen zu werden wie Sterntaler. Ihre Lippen bewegten sich kaum, aber ein leises Murmeln war zu hören. Manchmal nickte sie ganz leicht mit dem Kopf oder drehte ihn nach rechts und nach links und nach rechts und nach links. *Das* muß mit den fliegenden Teppichen aus den Märchen aus 1001 Nacht gemeint sein, dachte ich als Kind immer: dieser hier schien meine Oma weit, weit fort zu tragen, und wenn sie zurückkam, sah sie glücklich und zufrieden aus und irgendwie weiser.

Später, als sie zu alt zum Niederknien war, setzte sie sich zum Beten auf ein sauberes Tuch auf die Sofakante, was entschieden weniger geheimnisvoll aussah. Weshalb meine Schwester und ich um sie herumhüpften und Grimassen zogen, um sie abzulenken wie die Wachsoldaten vor dem Dolmabahçe Palast in Istanbul. Dann versuchte sie ernst zu bleiben und böse zu gucken und rief »*günah!*«, »das ist eine Sünde!«, aber meistens mußte sie lachen und schüttelte nur den Kopf und fügte ein paar Extra-Gebete hinzu, um bei Gott wieder ein gutes Wort für uns einzulegen.

Zwischen türkischen Omas und Gott besteht traditionell eine enge Beziehung. Schon allein deshalb wären die meisten Türken ohne ihre Oma aufgeschmissen. Und so herrscht auch jetzt eine respektvolle Stille, selbst wenn außer ihr niemand in der Familie mehr regelmäßig betet. Gläubig ist man im Herzen, sagen auch die vielbeschäftigten Türken heute. Und die faulen. Meine Großtante überfällt pünktlich fünfmal am Tag ein unerklärliches Ziehen im Rücken. »Gott hat Verständnis für die Kranken«, sagt sie dann, legt sich stöhnend aufs Sofa und bittet ihre Schwester, doch für ihre Genesung zu beten.

Auf dem Balkon ist es Abend geworden. »Wie kühl es mitten im Sommer schon wieder wird«, kommentiert meine Großmutter die 25 Grad. Einer nach dem anderen steht auf. Mein Onkel sieht sich im Fernsehen die Nachrichten an, meine Großtante scheppert in der Küche schon mit den Pfannen. Die Cousine sammelt die Kissen ein. Meine Oma kommt noch einmal heraus und bringt mir eine Strickjacke. »*Al, kızım*«, sagt sie, »nimm, mein Mädchen. Erkälte dich nicht.«

2. Istanbul – der Traum von einer Stadt

Jede Reise durch die Türkei muß in Istanbul beginnen. Denn Istanbul ist die Seele und das Herz dieses Landes. Dersaadet wurde die Stadt vor hundert Jahren noch genannt, »Pforte der Glückseligkeit«. Istanbul ist ein imaginärer Ort, geformt aus den Hoffnungen, Ängsten und Sehnsüchten aller siebzig Millionen Türken. Minarette zu Allahs Ehren schmücken diesen Traum, ein Himmel voller Seligkeit wölbt sich schützend über seine Kuppeln und Dächer, und der Bosporus fließt als Glück und Macht verheißender Strom durch ihn hindurch. Die Straßen dieses farbenprächtigen Istanbul sind aus Gold, seine Bäume tragen Blätter aus Onyx, und hinter den roten Schleiern seiner Fenster wartet die große Freiheit und die große Lust.

Istanbul ist aber auch eine sehr reale Stadt. Zehn Millionen Einwohner, sagt das Rathaus – fünfzehn Millionen, brüllt es aus den Vorstädten. Menschen leben hier, deren Vorfahren als Nomaden durch die Steppen Anatoliens zogen und die ihr Schrittempo verzweifelt der neuen Zeit anzupassen versuchen. Millionen rastlose Istanbuler, die immer unterwegs sind, unglaublich viel Lärm machen und unglaublich viel Dreck. Vorwärts, vorwärts, vorwärts pocht der Herzschlag dieser Stadt, laß mich durch, laß mich durch, laß mich durch, zischen ihre Bewohner. Sogar die Wolken scheinen es hier immer eilig zu haben, und wenn der Wind sie über die Häuser jagt, versetzt das schnelle Wechselspiel von Licht und Schatten auch ehrwürdige Moscheen und Paläste in Unruhe. Die Wellen des Bosporus funkeln und klatschen aufgeregt gegen die Fähren, und die stinkenden Schiffe antworten mit herrischem Tuten. Zwischen Europa und Asien ziehen sie ihre Bahnen und scheren sich einen Dreck um das Klischee von den zwei Welten, die sie angeblich verbinden. Als sei die Sache so einfach: Herzlich willkommen an Bord, rechter Hand sehen Sie den Orient, links den Okzident.

Vom Wasser aus ist Istanbul tatsächlich am schönsten. Aber der Willkommensgruß an Bord müßte lauten: Lehnen Sie sich zurück, solange Sie es können. Nutzen Sie die seltene Möglichkeit, die Einheimischen beim ruhigen Sitzen, Dösen und Lesen zu betrachten. Genießen Sie den Tee, den der arbeitslose Fischer mit dem grauen Stoppelbart Ihnen für ein paar Cent anbietet. Bewundern Sie die berühmte Silhouette der aufregendsten Stadt der Welt. Denn in dem Moment, in dem Sie die Fähre verlassen, tauchen Sie ein in ein gewaltiges Energiefeld, das an Ihnen genauso zerren wird wie an jedem Istanbuler. An jeder Straßenecke ringen hier Tradition und Moderne miteinander. Manager suchen ihren Weg zwischen verschiedenen Werten und Welten ebenso wie Handwerker, Mütter genauso wie Lehrerinnen. Köche und Künstler probieren eine Fusion, Vorbeter und Volksvertreter forcieren die Spaltung. Das brodelnde Istanbul ist die Oberfläche eines heftigen Kampfes, den sich Orient und Okzident in diesem Land liefern. Daß die Fehde hier oft so komische Züge trägt, daß sie meist mit großer Lust und Leidenschaft ausgetragen wird und nur manchmal verbittert und verbissen, das macht die Faszination Istanbuls aus.

Aber der Kampf zehrt an der Stadt. Ihre tausendjährige Geschichte kämpft verzweifelt gegen die Menschenmassen, und während die Geschichte mit jedem Jahr älter und blasser wird, werden die Menschen immer mehr und immer aggressiver. Sie stecken nachts die osmanischen Holzhäuser in Brand, damit sie am nächsten Tag moderne Villen bauen können. Sie hauen Betonschneisen durch die alten Viertel, und sie ziehen Betontürme in die Höhe. 1914 hatte die Stadt 900 000 Einwohner, 1950 waren es eine Million. 1980 lautete die offizielle Zahl knapp fünf, im Jahr 2000 schon knapp neun Millionen.

Auch wenn es nicht so aussieht: die meisten davon bekommt der Istanbul-Besucher nicht zu Gesicht. Es sei denn, er hat in Sultanahmet, irgendwo zwischen Großem Bazar, Hagia Sophia und Blauer Moschee ein *dolmuş* bestiegen, ein Sammeltaxi, und vergessen, rechtzeitig auszusteigen. Dann landet er auf dem Dorf. Vielleicht in einem vergleichsweise beschaulichen Viertel hinter der alten Stadtmauer, mit einstöckigen Häusern, einem Krämerladen neben dem anderen und fliegenden Händlern dazwischen. Vielleicht fährt er aber noch weiter und fährt in ein Istanbul, das längst nicht mehr auf seinem Stadtplan liegt. Slums würde man in anderen Ländern dazu sagen, *gecekondus* heißen sie hier, »über Nacht Eingenistete«. Weil man nach altem islamischen Recht niemandem »das Dach über dem Kopf« wegnehmen darf und die Behörden es nicht wagen, dieser Tradition die modernen Baugesetze entgegenzuhalten, werden die mit Hilfe von Familie und Nachbarn unauffällig vorbereiteten und dann blitzschnell über Nacht errichteten Häuser nicht abgerissen.

Kann es daheim am Schwarzen Meer oder in Mittelanatolien so furchtbar gewesen sein, daß die Familie sich eines Tages mitsamt dem kostbaren Schaf oder einzigen Esel auf den Weg machte, um jetzt hier zwischen Holzverschlägen, Wellblechhütten und Zelten aus Zeitungspapier zu leben? Bis wieder einmal Wahlen anstehen und irgendeine Partei Strom- und Wasserleitungen legen läßt? Oder war einfach die Hoffnung so übermächtig, irgendwann hineinschlüpfen zu können, wenn man nur dicht genug dran ist an Istanbul, war der Glaube so stark, sich mit tausend anderen durchquetschen zu können, wenn sich die Pforte der Glückseligkeit einen Spalt breit öffnet?

Dabei wird die so gut bewacht. Die Kluft zwischen Arm und Reich ist gewaltig, und wie in jeder Metropole gibt es auch in Istanbul das andere Extrem, das der durchschnittliche Besucher ebenfalls nicht zu Gesicht bekommen wird. Weil er sich zum Beispiel die Nachtclubs am Bosporus mit Hubschrauberlandeplatz und Yachtanlegestelle für türkische Dollarmillionäre, jamaikanische Topmodels und amerikanische Filmstars gar nicht leisten kann. Auch die wohlhabenden Nachbarn solcher Etablissements besuchen sie selten. Aber gerne laden sie sich Freunde und Verwandte auf die Terrasse ein, wenn nebenan wieder einmal ein türkischer Superstar in privater Atmosphäre ein Open-Air-Galakonzert gibt und bis ein Uhr nachts das ganze Viertel beschallt. Da sitzen dann die Reichen und Schönen des Wohnviertels Kadıköy zum Beispiel bei einem Glas Whiskey oder Campari auf den Balkonen und summen verzückt mit. Auf die Idee, sich zu beschweren, kommt hier ebensowenig jemand, wie sich in ärmeren Vierteln Nachbarn über eine türkische Hochzeit aufregen würden. Vor zwölf gehen sowieso die wenigsten ins Bett, und so bekommt man mal eine andere Abendunterhaltung als das gewohnte Fernsehprogramm.

Ein Tourist im Orientrausch wird wohl auch die ganz in

weiß und Holz gehaltenen Cafés links liegen lassen, die genauso aussehen wie in London, New York oder Berlin, aber im Geschäftsviertel Etiler oder im Szeneviertel Beyoğlu liegen und gern in der Rubrik »*Gay* und *Lezbiyen*« der Istanbuler Stadtmagazine vorgestellt werden. Er wird auch zugunsten des Großen Bazars auf die modernen Shopping-Malls amerikanischen Vorbilds verzichten. Obwohl sein Istanbuler Pendant, die einigermaßen ordentlich verdienende Mittelklasse, genau dorthin strömt und Nescafé trinkt statt türkischen Mokka und liebend gern den neuen Italiener oder Mexikaner in Beyoğlu ausprobiert. Man schimpfe außerdem noch mindestens sieben Mal am Tag auf Verkehr, Lärm und Gedränge, und schon ist man fast ein typischer Istanbuler. Der heißt auf Türkisch übrigens nicht »Istanbuli«, wie es manche Reiseführer in albernem Authentizitätsgebaren penetrant in ihre Texte einstreuen. Die türkische Wortbildung gehorcht den Regeln der Agglutination, und wegen des »u« in Istanbul heißt es *Istanbullu*.

Neuerdings wird angesichts des rasanten Wachstums der Metropole eine weitere Eigenschaft des wahren *Istanbullu*s immer wichtiger: ein besonders großes Seufzen darüber, wie sehr sich die Stadt verändert habe. Ein melancholisches Sehnen nach der guten alten Zeit. Ein paar verächtliche Worte über das unkultivierte, stockkonservative Bauernvolk, das hordenweise hier einfalle. Und dann wird an das alte Istanbul erinnert.

Dieses Istanbul ist ein seltsames Gebilde aus den fünfziger, sechziger und siebziger Jahren. Ein gefühltes Istanbul, voller Leben, Aufbruchstimmung, Energie. 1946 wird in der Türkei endlich erfolgreich das Mehrparteiensystem eingeführt, und so wie die Bevölkerung diese Errungenschaft feiert, so schlagen künftig auch die Werte und die Moden Purzelbäume. Hauptspielwiese ist natürlich die heimliche Hauptstadt des Landes mit ihrer beschaulichen Million Einwohner. Die Istanbulerinnen tragen Miniröcke und Plateaustiefel und stecken ihre langen Haare gern turmhoch, was gut zu den imposanten Heckflossen der importierten Chevrolets und Dodges paßt, die die Straßen dominieren. Die einen stürzen sich nach Atatürks Fünf-Jahresplänen begeistert in die freie Marktwirtschaft, andere diskutieren und demonstrieren gegen den Verkauf der Seele an den Kapitalismus. Die Hippieroute gen Goa führt direkt durch den weltbekannten Puddingshop in der Altstadt, dessen marihuanasatte Rauchschwaden bis zur Blauen Moschee schräg gegenüber ziehen. Statt des Freitagsgebets zelebrieren die Städter die neu entdeckte Wochenendkultur. Es wird gepicknickt, daß sich in Istanbuls Parks die Balken biegen, und in den Strandbädern beweisen sich die Reformer gegenseitig ihre Aufgeschlossenheit in möglichst knapper Badekleidung im US-Filmstarlook.

Damals, ja damals konnte man im Bosporus noch baden, erzählen alte Istanbuler gern, und warnen eindringlich von dem Fisch, der heute noch an den Anlegestellen der Fähren verkauft wird. Dabei ist der Bosporus und vor allem das Goldene Horn schon eine Kloake, seit sich dort Menschen ansiedelten, ganz besonders seit man Anfang des 17. Jahrhunderts die Vorzüge sauberer Straßen entdeckte: Müllmänner bildeten eine wichtige Handwerkszunft im osmanischen Istanbul, einzig und allein zu dem Zweck angestellt, den Dreck der Städter ins Meer zu schieben.

Der Fisch, der heute auf schaukelnden Booten gegrillt und mit Zwiebeln und Salat in türkischem Baguettebrot serviert wird, schmeckt viel zu gut, um giftig zu sein. Besonders junge Istanbuler sitzen bei Cola oder Bier an den winzigen Tischen. Nicht nur, weil der Fisch hier noch bezahlbar, sondern auch, weil es so herrlich nostalgisch ist.

Denn es sind nicht nur die Alteingesessenen, die sich

nach der Stadt ihrer Jugend sehnen. Vor allem unter geschichtsbewußten Intellektuellen aller Altersstufen ist das alte Istanbul hip. Bietet es doch die ideale Projektionsfläche für einen Gegenentwurf zur Globalisierung, die sich mit rücksichtslosen Zähnen und stetig wachsender Gier längst auch durch die Türkei frißt. Und so trauern die Stadtmagazine den Straßenhändlern nach, deren Kakophonie langsam, aber sicher von der seichten Berieselung der Supermärkte ersetzt wird. Sie stellen World Music Labels vor, die die alten Grammophonplatten mit der Kasinomusik der Zwanziger wiederaufbereiten, oder das Spiel jüdischer, armenischer und griechischer Orchester, die um die Jahrhundertwende den Sultanshof unterhielten. Die gleichen Zeitschriften berichten zwar über jeden schicken neuen Edelclub, aber wer sich wirklich abheben will, besucht ein möglichst heruntergekommenes, möglichst verrauchtes Männercafé oder wenigstens eines, das diesem nachempfunden wurde und wo Studenten und Studentinnen beim Backgammonspiel einträchtig an der Wasserpfeife ziehen – die übrigens ist gerade unter jungen Türkinnen der letzte Schrei. Und wer etwas auf sich hält, benutzt zur Überquerung des Goldenen Horns auch nicht die Brücke oder den Bus, sondern zumindest gelegentlich einen der wenigen übriggebliebenen Fischkutter, die sich so seit jeher einen kleinen Nebenverdienst ertuckern.

Kurz: die Trendsetter von Istanbul benehmen sich so, wie sie sich einen Großstadtflaneur Istanbuler Prägung vorstellen. Und was ihnen an persönlicher Erfahrung fehlt, machen sie durch besonders bunte Träume wett. Ihr Istanbul ist ein unbekümmertes Gemisch aus der liberalen Weltstadt der Nachkriegszeit und der stolzen Hauptstadt des Osmanischen Reiches um die Jahrhundertwende. Beyoğlu ist das Herz dieser Szene, das ehemalige Pera rund um den Galataturm, das der Chronist Evliya Çelebi Mitte des

17. Jahrhunderts so beschrieb: »Die Griechen betreiben die Schenken, die Armenier sind die Händler und Wechsler, die Juden vermitteln in allerlei Liebeshändeln.« Später standen hier die prächtigen Gebäude der ausländischen Botschaften, und als der Orientexpress 1883 die ersten organisierten Reisen veranstaltete, wurden nach dem Vorbild der Botschafts-Gästehäuser in Pera die ersten Grandhotels am Bosporus eröffnet. Ironie der Geschichte: Wovon eine traditionsbewußte Szene heute schwärmt, war den traditionsbewußten Türken von damals ein Dorn im Auge. »In unserer Geographie kam nur ein Kontinent vor«, erinnerte sich ein Istanbuler Publizist in den letzten Jahren des Osmanischen Reiches, »in unseren Köpfen nur die westliche Welthälfte. Jeder von uns war ein türkisch sprechender Franzose.«

Aber die Szene hat gerade ein neues Viertel entdeckt. Wer es sich leisten kann, kauft und renoviert sich eines der schmalen, heruntergekommenen Holzhäuser in Balat. Schon weil die Preise hier noch relativ günstig sind. Balat liegt am Südufer des Goldenen Horns. Noch gibt es hier kaum Kneipen und Cafés. Gerade einmal ein Hotel. Aber steile Straßen mit Kopfsteinpflaster, das naß in der Sonne glänzt, weil es von den Besitzern der Krämerläden regelmäßig abgespritzt wird. Es gibt efeubewachsene Holzhäuser mit gußeisernen Fenstergittern, hinter denen skeptische Blicke jeden unbekannten Passanten verfolgen. Die vielen Kinder, die auf der Straße spielen, glotzen unverhohlen. Touristen, die sich hierher verirren, werden noch aus überraschter Neugierde taxiert, nicht als potentielle Teppichkäufer. Ganz früher lebten in Balat die Juden, im benachbarten Fener die Griechen. Streng religiös ist die Gegend noch immer: Das griechisch-orthodoxe Patriarchat liegt hier, aber das andere Ende der Wäscheleinen, die an seinen hohen Mauern gern befestigt werden, ist mit großer Wahrscheinlichkeit fest an den Balkon einer streng konservativen Moslemfamilie geknotet. Die jedoch wird ganz langsam von den neuen Bewohnern des Viertels verdrängt. Ausgerechnet hier lassen sich die fortschrittlichen Journalisten und ehrgeizigen Computerfachleute von Istanbul nieder. Und machen sich über ihre rückständigen Nachbarn lustig. Dabei scheinen doch gerade die sich am ehesten ein Stück Vergangenheit bewahrt zu haben. Weil sie zu gläubig sind, um sich mit dem Westen anfreunden, und zu arm, um sich seine Errungenschaften leisten zu können.

Ist Balat nun das wahre Istanbul? Natürlich. Und natürlich nicht.

Das wahre Istanbul ist schwer zu finden. Aber es gibt eine Möglichkeit. Dazu muß man sich von einer der Fähren über den Bosporus tragen lassen. Kurz die Silhouette mit ihren Minaretten und Kuppeln in sich aufnehmen. Dann das Tulpenglas mit dem Tee wie eine Kristallkugel in beiden Händen halten. Und die Augen schließen.

3. Wo sich die Türkei direkt neben uns niederläßt: eine Fahrt im Überlandbus

Diese Ruhe.

Nein, es ist nicht still, das Brummen des Motors ist zu hören, gedämpft dringt durch die Scheibe auch das Hupen auf den Straßen. Aber hier im Bus herrscht Ruhe. Kaum einer spricht. Manchmal raschelt eine Zeitungsseite, doch die meisten Reisenden haben ihre Stirn an die Fensterscheibe gelehnt. Anderen ist das Kinn auf die Brust gesunken. Sie schlafen. Angenehm kühl ist es hier drin, während draußen die Sonne brennt. Auf fruchtbaren Feldern lungert statt einer Vogelscheuche hier und da eine fette Ziege oder eine zufriedene Kuh, umrahmt von den mächtigen Bergen des Taurus im Hintergrund. Oder es taucht im Nirgendwo einer einsamen Gegend plötzlich ein Stand auf, mit riesigen, in Plastikfolie eingeschweißten Plüschbären, und mit einemmal leuchten in der kargen Landschaft erdbeerrote, grasgrüne und zitronengelbe Flecken. Dann wieder verkauft eine Bäuerin am Straßenrand eingelegtes Gemüse in tonnengroßen Einmachgläsern. Und wenn es durch die Dörfer geht, dann sitzen dort die Ladenbesitzer auf Schemeln oder Kissen am Bordsteinrand, unterhalten sich mit ihren Nachbarn und kommentieren die Fußballergebnisse, die Inflation und das Leben.

Ein Leben, für das der Bus einen Logenplatz anbietet. Es gibt kaum eine bessere Möglichkeit, die Türkei kennenzulernen als auf einer Busreise. Nicht nur, weil sie draußen so malerisch an uns vorüberzieht. Sondern auch, weil sie sich hier drin neben uns niederlassen und uns ganz dicht auf die Pelle rücken wird. Bis alle Unterschiede verblassen und wir einfach eine Gemeinschaft Reisender sind. Eingehüllt in eine Wolke duftenden Orients. Aber dazu später.

Steigen wir ein.

Zuvor müssen wir natürlich den richtigen Bus finden. Aber so kompliziert, wie es auf manchen türkischen Busbahnhöfen scheint, ist das gar nicht. Denn hier gilt dasselbe Prinzip wie in den alten Handwerksstraßen, wo nur eine Zunft ihre Dienste anbietet: Führt man das vom Kunden Gewünschte nicht selbst, führt man den Kunden zum Nachbarn. Die Regel »Konkurrenz belebt das Geschäft« wird in der Türkei vor allem im Sinne von »Konkurrenz ergibt mehr Kollegen für einen Schwatz« verstanden. Also werden wir einfach weitergereicht, bis der Bus gefunden ist, der uns zu unserem Ziel bringt. Tun das mehrere Unternehmen, richten wir uns nach den Abfahrtzeiten. Die Preise sind ungefähr gleich und mit rund acht Cent pro Kilometer ohnehin so billig, daß sie kein Entscheidungskriterium darstellen. Vorsicht ist aber geboten, wenn ein Ticket doch einmal weit günstiger als die anderen scheint: Dann fährt der Bus wahrscheinlich auf Nebenstrecken durch unzählige Dörfer und braucht vier Stunden länger. Es gibt ein paar Nobelunternehmen – *Koç, Ulusoy, Varan* –, die angeblich die größten, modernsten, komfortabelsten Busse haben und gerade deutschen Touristen deshalb gerne ans Herz gelegt werden. Dafür haben sie aber auch den

Charme eines deutschen Inlandfluges; und die Crew gibt sich so sachlich-professionell, als brächte jedes ausgeteilte Erfrischungstuch sie der Europäischen Union einen Schritt näher.

Groß und schnell und komfortabel und sicher sind dabei eigentlich alle türkischen Überlandbusse – und wer jetzt an einen Unfall denkt, von dem er in nachrichtenschwachen Sommerzeiten einmal in der Zeitung gelesen hat, der bedenke, daß es rund 550 Unternehmen geben soll, die die türkischen Ortschaften miteinander verbinden, und daß auf über 800 Busbahnhöfen durchschnittlich ein Wagen pro Stunde aufbrechen dürfte. Eine Meldung pro Sommer macht den türkischen Reisebus also zu einem ziemlich sicheren Transportmittel.

Unser Ticket bekommen wir in der Bahnhofsfiliale des gewählten Unternehmens, aber auch direkt am Bus. Ein Mitarbeiter nimmt uns das Gepäck ab, verstaut es unserem Ziel entsprechend an einer günstigen Stelle im Gepäckraum und drückt uns manchmal noch eine Gepäckmarke in die Hand. Oft gehören neben dem Gepäckverstauer und dem Fahrer ein Wasserverteiler, ein Ticketkontrollierer und ein undefinierbarer Auf-der-Rückbank-Herumsitzer zur Crew, bei langen Übernachtfahrten jeweils in doppelter Besetzung für den Schichtwechsel. Nur auf kürzeren Strecken reduziert sich das Personal auf den Fahrer und einen Begleiter, den wir der Einfachheit halber den Serviceman nennen wollen, denn Service zu leisten ist die Aufgabe, der er sich mit heiligem Ernst widmen wird. Schließlich trägt er ein weißes Hemd und eine Krawatte und also fast schon so etwas wie eine Uniform. Wenn der junge Kerl nicht von Deutschland oder besser Amerika träumt, dann von einem eigenen Bus. Oder zumindest davon, eines Tages bei einem der Nobelunternehmen unterzukommen. Denn deren riesige Gepäckräume unter dem Fahrgastbereich werden bei einem Aufenthalt über Nacht vom Personal in gemütliche Matratzenlager verwandelt, während ihm nur die Sitzreihen zur Verfügung stehen. Ein Hotel nimmt die Crew aller Busse nur im Notfall, denn das wird nicht bezahlt und geht vom Verdienst ab.

Wenn bis zur Abfahrt noch etwas Zeit bleibt, holen wir uns den Nationalimbiß Sesamkringel oder einen ebenso typischen türkischen Toast. Der wird entweder *peynirli* bestellt, mit Käse (schmeckt aber langweilig, da Käse teuer ist und das Brot deshalb sparsam belegt wird), oder *sucuklu*, mit einer salamiähnlichen und knoblauchreichen Wurst (schon besser) oder aber *karışık*, gemischt (und eindeutig am leckersten). Unbedingt aber bleiben wir in Sichtweite des Busses. Denn türkische Busse sind pünktlich. Überpünktlich. Und wenn wir einsteigen, setzen wir uns schön ordentlich auf den Platz, dessen Nummer unser Ticket anzeigt. Alleinreisende Frauen werden übrigens immer neben anderen Frauen plaziert, sind wir eine solche und ein Türke setzt sich aus unerfindlichen Gründen neben uns, müssen wir unbedingt ein erstauntes Gesicht machen und den Serviceman um einen anderen Platz bitten, er wird daraufhin sofort nicht uns, sondern den Wüstling strafversetzen.

Während der Bus sich auf den Weg macht, haben wir Zeit, den Schock zu verarbeiten, daß hier ja gar nichts dem Klischee vom orientalischen Hühnertransport entspricht. Nicht einmal geraucht werden darf. Wer an der EU-Kompatibilität der Türkei zweifelt, muß nur an einer solchen Busreise teilnehmen. Es geht fast so geordnet zu wie in Deutschland, Klassenunterschiede werden stärker respektiert als in Österreich. Auch die Sicherheit wird mittlerweile streng kontrolliert: Alle vier Stunden muß der Fahrer eine Pause machen, und er darf nicht schneller als achtzig

Stundenkilometer fahren. Beides kontrolliert ein Fahrtenschreiber, der mit dem Führerschein aktiviert wird – manche Fahrer leihen sich allerdings den Führerschein eines Kollegen und wechseln ihn nach vier Stunden aus, um längere Schichten fahren zu können. Ist das Tempo zu hoch, ertönt ein Piepsen. Der vierte Piepston wird registriert und zieht eine Geldstrafe nach sich. Aber natürlich gibt es bei einer Polizeikontrolle Möglichkeiten, die Strafe um einen erheblichen Betrag zu reduzieren oder gar abzuwenden. Polizisten befriedigt wie alle türkischen Uniformträger vor allem die Bewunderung ihrer Macht. Das sollte beherzigen, wer immer es mit türkischen Beamten zu tun bekommt, und das berücksichtigt auch der Busfahrer bei dem sich einer Geschwindigkeitskontrolle anschließenden Ritual: Er guckt betreten, reibt sich in schuldbewußter Eilfertigkeit die Hände, zieht den Kopf ein und legt ihn schief, beklagt seine Dummheit, schlägt vor, die Angelegenheit doch bei einem Tee und ein paar Zigaretten zu klären – und klärt die Angelegenheit bei einem Tee und ein paar Zigaretten. In besonderen Härtefällen kann allerdings auch ein unterwürfiges Küssen der allmächtigen Polizistenhände nötig sein.

Es ist sauber, es ist kühl, und es ist ruhig. Es ist mehr als ruhig: kein Handy ist in Aktion. Gerade wird dem Opa auf der anderen Seite des Ganges doch tatsächlich gezeigt, wie man das Ding, das seine Enkel ihm vor der großen Reise in die Hand gedrückt haben, ausschaltet. Dies ist der einzige Ort der Türkei, wo wir das erleben dürfen. Denn eigentlich schalten Türken ihre insgesamt rund vierundzwanzig Millionen Handys nie aus. Aber mit Unterstützung der Boulevardblätter müssen es die türkischen Busunternehmer geschafft haben, furchterregende Horrorgeschichten darüber zu verbreiten, welche Auswirkungen das mächtige Magnetfeld des Telefons auf dieses technische Wunderwerk namens Bus haben kann. Daß manche Busse mit einer Elektronik auf dem Niveau von Fisher Price ausgestattet sind, und daß in allen Wagen der Fahrer munter zum Hörer greift, wenn die Zentrale ruft, scheint dabei niemanden zu irritieren. Es gibt genau drei Instanzen, denen der Türke hörig ist: Gott, Atatürk und Elektronik.

Inzwischen haben wir die Vorstadt mit ihren Bauruinen, »Pizza Mizza«-Filialen, Outlet-Centern und unzähligen Einrichtungshäusern mit eindrucksvollen Sofagarnituren für XXL-Familien passiert. Es geht hinaus auf die Landstraße. Alles döst. Sogar die Kinder haben sich vom Motorengeräusch einlullen lassen. Es ist ruhig, es ist kühl, und es duftet. Nicht nur, weil der Bus mit einem ganzen Wald von Wunderbäumen deodoriert wird. Sondern weil der Servicemann an die Reisenden jetzt den in der Türkei wichtigsten Alkohol austeilen wird. Der, der weiter verbreitet ist als der Anisschnaps *rakı* und den die Türken einfach so genannt haben, wie sein Name in ihren Ohren klang: *kolonya*. In jedem Supermarkt, bei jedem Dorfkrämer stehen die Eau-de-Cologne-Literflaschen in langen Reihen. Wenn es sich um das gute, alte, wahre *kolonya* handelt, haben sie genau zwei Formen: entweder ist es eine Plastikflasche mit vertikalen Rillen oder eine Glasflasche mit kleinen Quadraten in Kristallschliffanmutung. Alles andere ist Wichtigtuerei. Weswegen schon die einzeln verpackten Erfrischungstücher ein Grund sind, nicht in den Edelbussen zu reisen.

Kolonya ist das Parfum dieser großen, wohlig-runden Dame namens Türkei, ist der Duft des kleinen Mannes und der einfachen Frau, es dient als Deo, wann immer es dem Volke stinkt, ist Seife, wo kein Wasser fließt, ein magisches Elixier, das Fremde in Gäste verwandelt. Als Willkommens- oder Abschiedsgruß wird es in Restaurants und in Geschäften, beim Barbier und im Hamam aus der Flasche in die zur Schale geformten Hände geschüttet, und wer es ablehnt, weil am Körper doch das teure französische Parfum haftet oder weil es so sehr an Großmutter in ihrer muffigen Kammer erinnert, der wird sich in der Türkei nie zu Hause fühlen. Also formen wir jetzt die Hände zur Schale und reiben sie aneinander und tätscheln uns vielleicht noch über Hals und Wangen. So einfach ist es, sich von einem aufgeregten Europäer in einen gelassenen Orientalen zu verwandeln.

Der als zweitwichtigster Flüssigkeit des Wassers bedarf. Auf langen Strecken gibt es manchmal einen Keks, immer aber verteilt der Servicemann regelmäßig Wasser. Und das übrigens schon lange, bevor Fluggesellschaften die Gefahren der Langstrecken-Thrombose entdeckten. Kommt das Wasser nicht aus der Flasche, sondern werden zum Zeichen der Fortschrittlichkeit schicke verschweißte Plastikbecher ausgeteilt, so kann es passieren, daß wir darüber leicht mit unserer Sitznachbarin ins Gespräch kommen. Denn die leeren Becher sind begehrt bei reisenden Hausfrauen, sie eignen sich nämlich hervorragend als Tiefkühlbehälter.

Wie jedes Schwellenland stürzt sich auch die Türkei mit Begeisterung auf alles, was möglichst schick und üppig einwegverpackt Luxus suggeriert. Aber von einer Weggwerfgesellschaft ist sie noch weit entfernt. Nicht nur wegen der orientalischen Schwäche für alles Bunte und Kitschige, die sie jegliches Verpackungsmaterial horten läßt wie einen kostbaren Schatz, sondern auch wegen der orientalischen Vorliebe für Großmarktpackungen, die dazu führt, daß man für den Alltag unzählige ausgewaschene Behälter zum Umfüllen gebrauchen kann. Und so werden Kunststoffbecher, Plastikflaschen und Hochglanzschachteln mit einer Kreativität weiterverwendet, die der »Brigitte«-Bastelredaktion Freudentränen in die Augen und das Unternehmen Tupperware in den Ruin treiben würde.

Von *kolonya* und Wasser erfrischt, möchten wir vielleicht die Landschaft betrachten. Dann müssen wir unbedingt für einen Fensterplatz gesorgt haben, sonst hat der Türke neben uns längst den Vorhang vor die Scheibe gezogen, und flöge draußen auch das Paradies vorbei. Er kennt nämlich jeden Grashalm am Wegesrand, weil er hier ständig unterwegs ist, und will schlafen. Wahrscheinlich sind 95 Prozent der Passagiere im Bus keine Reisenden im touristischen Sinne. Türken reisen nicht. Das können sich die meisten gar nicht leisten. Sie besuchen ihre Verwandten. Oder gehen arbeiten. In diesem Fall wird eine Flexibilität an den Tag gelegt, von der europäische Unternehmen nur träumen können. Es wird gependelt, was das Zeug hält, und wenn das Straßennetz die Lebensadern der Türkei darstellt, so sind die Buslinien der Saft, der sie mit Leben erfüllt. Züge gibt es kaum, sie sind zwar noch billiger, dafür aber auch viel langsamer. Türken fahren Bus. So sind die Wagen immer gut gefüllt, mitsamt Unmengen von Gepäck. Das natürlich vor allem aus Säcken, Plastiktüten und atomkriegssicher verklebten Kartons besteht. Des Türken Busfahrt hat viel mit einer Einkaufstour zu tun – und wer geht schon mit einem Koffer in den Supermarkt? Den Verwandten werden neben Schokolade, Nescafé und anderen beliebten Geschenken kiloweise Tomaten und Zucchini aus dem eigenen Dorf mitgebracht, wo es natürlich die besten gibt. Oder man hat umgekehrt nach dem Besuch bei der Tante familieneigenen Honig und Schafskäse im Gepäck. Und gefüllte Blätterteigteilchen und geschmorte Auberginen, die der Menge nach zu urteilen über den tiefsten Abschiedsschmerz hinweghelfen wollen, den je ein türkisches Tantenherz ertragen mußte. Pendler zwischen Arbeitsstadt und Heimatdorf schleppen ganz ähnliche Waren mit, wobei ein osmotisches Reiseverhalten das Ziel leicht erkennen läßt: Mixer, Kochtöpfe oder Nachttischlampen reisen ins Dorf und erleichtern den Alltag, Melonen rollen in die Stadt und lindern dort süß und saftig das Heimweh.

In abgelegeneren Gegenden fährt auch alleinreisende Ware mit, denn gerne wird der Bus als Postkutsche genutzt. Dann lagern vorne Plastikbeutel mit einem einzelnen Türgriff, einer bestimmten Rasierklingensorte oder einem besonderen Medikament. Der Fahrer soll die Tüte doch bitte »an der dritten Tankstelle hinter der Abzweigung nach Yeniköy« abgeben, bei »Mustafa vom Imbiß in Eskiköy« deponieren oder Opa Yusuf in die Hand drükken, der »vor seinem Gartentor an der Landstraße nach Büyükköy« stehen wird. Der Bus hält mitunter gar nicht, sondern fährt nur im Schritttempo an Hamdis Metzgerei vorbei, und Hamdi bekommt vom Serviceman seine neue Fensterscheibe herausgereicht. Manchmal aber steigt sogar der Fahrer selbst kurz aus, um bei seiner Frau, die am Straßenrand steht, schon mal den Wochenendeinkauf abzuliefern, den er auf seinen Fahrten in der ganzen Region zusammengesammelt hat. Bepackt mit Tüten, Melonen und Reissäcken eilt sie zurück zum Haus, mit dem sich der Fahrer seinen Traum vom Eigenheim erfüllt hat.

Überall stehen die unfertig wirkenden Häuschen mit ihren aus dem Flachdach herausragenden Eisenstäben. Denn bei Familienzuwachs oder Geldvermehrung wird einfach aufgestockt. Von abgeschiedenen Plätzchen halten die pragmatischen Türken nicht viel, wer kann, baut sich ein Haus möglichst dicht an der Straße. Auch werden wir aus dem Fenster zahlreiche Familien beim Picknick beobachten können: ein Baum und drei Grashalme ergeben nach orientalischem Verständnis eine Oase, und kreuzen sich an der Verkehrsinsel auch vier Schnellstraßen.

Entgegen landläufiger Vorstellungen von Busreisen in

Ländern südlich der Alpen wird lebendes Getier übrigens nicht transportiert. Und das Reisegepäck verschwindet im Laderaum und steht selten im Weg. Das Problem sind manchmal vielmehr die Reisenden, die unterwegs aufgesammelt werden. Denn Bushaltestellen definieren sich in ganz Anatolien dadurch, daß man den Bus auf der Stelle zum Halten bringt, und zwar per Handzeichen irgendwo vom Straßenrand aus. Sind wir nicht im arroganten Edelbus unterwegs, wird der Wagen stoppen, nicht nur, weil die Crew einen kleinen Extra-Verdienst einstecken kann, wenn sie das Fahrtgeld nicht als verkauftes Ticket verbucht. Sondern auch, weil für einen Türken ein ungeselliges Herumstehen ein gänzlich unvorstellbarer Zustand ist, aus dem man jeden Mitmenschen so schnell wie möglich befreien muß.

Deswegen läuft auch das Trampen in der Regel folgendermaßen ab: Man stellt sich an die Straße, winkt, das erste Auto hält, man steigt ein. So einfach ist das. Das erste Auto hält – und sei es, damit der Fahrer sich so betrübt wie wortreich erklären, sämtliche Türen öffnen und demonstrieren kann, warum leider kein Tramper in sein Auto paßt, daß er aber per Handy seinen Kollegen, der ihm nur ein paar Minuten entfernt auf der Straße folge und Platz im Wagen habe, anrufen werde, damit der auf jeden Fall stoppe. Und so könnte man wahrscheinlich ohne einen einzigen Pfennig in Rekordgeschwindigkeit durchs ganze Land reisen, wenn es nicht mitunter so wenig Verkehr gäbe oder so viele ungesellige deutsche Mietwagenbesitzer.

Es ist übrigens durchaus nicht lebensgefährlich, in der Türkei selbst Auto zu fahren. Angesichts meist recht neuer und im Vergleich zu Europa menschenleerer Straßen eigentlich sogar ein Vergnügen. Wenn man ein paar Kleinigkeiten beachtet: Wer sich in die Großstädte wie Istanbul oder Izmir traut, ist selbst schuld. Hier kommen auf einen besorgten Touristen ungefähr eintausend eilige Einheimische, die ein äußerst pragmatisches Verhältnis zu den vier Rädern unter ihrem Hintern pflegen. Beachten sollte man außerdem, daß die Türken bis heute noch nicht so recht begriffen haben, wozu ein Blinker gut sein soll, wo doch die Hupe so viel lauter ist. Da das Eingeschlossensein in die Karosserie die gewohnte Geselligkeit vermissen läßt, kommuniziert man mit seinen Mitmenschen über die Hupe. Türkische Hupen können nämlich sprechen. Sie können »Ich will überholen« ebenso sagen wie »Okay, jetzt überhol schon«. Sie brüllen »Achtung, hier komm ich, und die Haarnadelkurve stört mich überhaupt nicht« ebenso wie »Du lebensmüder Spinner, dich hat deine Mutter wohl mit Eselsmilch großgezogen«. Und besonders gern plappern sie einfach drauflos: »Mir ist langweilig und zu melden habe ich eigentlich gar nichts, aber dreißig Sekunden ohne Hupe sind nun wirklich genug.«

Die wichtigste Verhaltensregel allerdings lautet: Nachts halten wir uns von unbekannten Nebenstrecken tatsächlich lieber fern. Es sei denn, wir haben tagsüber geübt. Hierzu schlagen wir ein paar etwa einen halben Meter tiefe Löcher in den Asphalt, verteilen mehrere Autoreifen und Obstkisten in unregelmäßigen Abständen auf der Straße und überreden zwei bis drei achtzigjährige Omas aus der Nachbarschaft, während der Übung irgendwo zwischen Straßenrand und Fahrbahnmitte entlang zu schlurfen. Nützlich wäre auch ein Opa mit Eselskarren. Dann verbinden wir uns mit drei schwarzen Schals die Augen, um möglichst dicht an die nächtliche Straßenbeleuchtung heranzukommen, und fahren mit Tempo 100 über die so präparierte Strecke, bis wir alle Hindernisse im Schlaf kennen. So in etwa benehmen sich die Einheimischen nachts auf ihren Straßen.

Zurück zu Bussen. Anders als deutsche sind die türkischen Busfahrer trotz ihres Berufs menschlich geblieben und lassen innerhalb der Städte gerade verwirrte Ausländer, die nicht wußten, daß man das Ticket manchmal vorher im Kiosk kaufen muß, gelegentlich auch ohne Fahrschein mitfahren. Das türkische Äquivalent zum deutschen Busfahrer, was die Brummigkeit angeht, ist vielmehr der *dolmuş*-Chauffeur. Ein *dolmuş* ist ein Sammeltaxi, das innerhalb einer Stadt, manchmal auch zwischen nicht allzu weit entfernten Orten auf einer festgelegten Strecke verkehrt, und das man entlang dieser anhalten kann, wo man möchte. Früher wurden etwa zehn Passagiere in klapprige alte amerikanische Limousinen gequetscht, das war kuschelig, heute sind es meist moderne Minibusse, das ist einfach nur eng.

Eigentlich ist das *dolmuş* eine äußerst nützliche Einrichtung, für Ortsunkundige allerdings ein schweißtreibendes Abenteuer. Werden hier auf äußerst beengtem Raum doch nur Codewörter zwischen Eingeweihten gewechselt. Weshalb man sich als Tourist am besten möglichst weit nach hinten setzt. Denn Geldscheine müssen von hinten nach vorne zum Fahrer durchgereicht werden, wobei jeder Passagier in knappen Worten wiederholt, für wie viele Personen und welches Ziel bezahlt werden soll: »Dreimal grüne Brücke«, »alte Tankstelle für zwei«, »Kamils Konditorei, eine Person«. Der Fahrpreis ist zwar festgelegt, hängt aber meist in winziger Schrift neben dem Fahrer. Am besten, man nennt sein Ziel mit fragendem Blick dem Nachbarn, der weiß bestimmt Bescheid. Auf große Scheine reagieren *dolmuş*-Fahrer so erfreut wie deutsche Busfahrer, aber man muß sich nicht sorgen, wenn es einmal länger dauert, bis man sein Wechselgeld bekommt. Der Chauffeur vergißt nie einen Gast und sein Ziel, aber den Zeitpunkt zu bestimmen, wann er sich um ihn kümmert, ist so ziemlich die einzige Macht, über die er verfügt. Denn der wichtigste

Code ist »*müsayit yerde!*«, was »an geeigneter Stelle« heißt und den Fahrer zum Halten zwingt, wenn der Gast auf Höhe des gewünschten Pflastersteins angelangt ist und zwar ohne mit der Wimper zu zucken. Notfalls hält er auch fünfmal alle zwanzig Meter, wenn das nunmal die geeigneten Stellen für fünf Passagiere sind.

Wir aber sitzen ja entspannt im Überlandbus. Allerdings fängt auch dieser wie bereits angedeutet nun an, einen Fahrgast nach dem anderen vom Straßenrand aufzulesen. Schließlich hat jeder einen wichtigen Grund, weswegen er keinesfalls auf den nächsten Bus in einer Stunde warten kann, außerdem würde unser junger Serviceman − ganz anders als ein *dolmuş*-Chauffeur − es nie übers Herz bringen, Opa oder Oma am Straßenrand stehen zu lassen. Bis irgendwann nun wirklich alle Plätze voll sind, auch kein Schemel für den Mittelgang mehr übrig ist, und Bauer und Bäuerin und Oma und Opa auf der winzigen Freifläche neben dem Fahrer übereinander geschichtet wurden. Ein paar stolze Wehrdienstleistende bieten den Älteren sofort ihren Platz an. Und wir, die wir uns beim Ticketkauf voller Stolz die begehrten Plätze mit Panoramablick vorn in der ersten Reihe gesichert hatten, wünschen uns nun nichts sehnlicher als einen ruhigen Sitz im hinteren Teil des Busses und hätten auch gar nichts gegen ein Huhn als Reisegefährten einzuwenden. Das ist wenigstens schlank. Denn jetzt könnte es passieren, daß wir unseren Logenplatz − nicht die Bank, den Sitz wohlgemerkt, unser bis zu diesem Moment ureigenstes, auf eine einzelne Person angelegtes Polster − mit dem Zwei-Meter-Hintern einer wuchtigen Türkin teilen. Schnaufend hat sie sich neben uns gequetscht, nachdem ihr konsternierter Enkel auf unserem Schoß zwischengelagert wurde. Beides geschieht mit der größten Selbstverständlichkeit, aber dafür wird sich unsere so despotisch scheinende Sitznachbarin, bevor sie aussteigt, strahlend bedanken, hundertmal entschuldigen und sich mit größtmöglicher Empörung selbst ausschimpfen. Wie sie es nur habe wagen können, den reizenden Fremden den Urlaub zu verderben! Und wenn wir dann mit ebenfalls größter Selbstverständlichkeit abwinken und lächeln und uns nur schwersten Herzens vom Leih-Enkel trennen, können wir sicher sein, mehr als jeder Staatsbesuch für den Ruf unseres Landes getan zu haben und in mindestens drei der nächsten Freitagsgebete eingeschlossen zu werden.

Zeit für eine Pause. Sind wir im großen Langstreckenbus und auf der Autobahn unterwegs, dann halten wir auch einmal an einer gesichtslosen Raststätte, sonst nur auf Busbahnhöfen, wo gleichzeitig Reisende aus- und einsteigen. Bevor der Serviceman aus dem Wagen springt, brüllt er über die Sitzreihen hinweg, wie lange die *mola* ist. *Molas*, die etwa alle vier Stunden eingelegt werden, strukturieren den türkischen Alltag wie sonst nur die Gebetsrufe des Muezzins: Es sind die Pausen.

Und dann machen wir wahrscheinlich zum ersten Mal Bekanntschaft mit dem Plumpsklo. Auch wenn sich die westeuropäische Toilette, die *alafranga tuvalet*, immer stärker im Land durchsetzt: Es kann durchaus sein, daß wir keine Wahl haben oder die einzig freie Kabine auf dem Flughafen oder im Restaurant jene am Ende der Reihe ist, die meist für die *alaturka*-Ausführung reserviert ist. Die Toilette gilt dem Türken als ein höchst unreiner Ort, wo er entsprechend wenig Wert auf Bequemlichkeit legt (und niemals Zeitung lesen würde) und in möglichst kürzer Zeit mit möglichst wenig in Berührung kommen möchte. Warum also die Angelegenheit nicht auf das Wesentliche reduzieren: das Loch im Boden? Das den Vorteil hat, wenig Angriffsfläche für Verschmutzungen zu bieten. Neben uns entdecken wir nun einen Wasserhahn oder gefüllten Plastikkrug. Denn schon wegen der geforderten

Waschungen vor den fünf täglichen Gebeten ist es für gläubige Türken undenkbar, daß man sich nur mit trockenem Papier abwischt, traditionell wird dazu die linke Hand und Wasser verwendet. Inzwischen hat zwar fast überall das Toilettenpapier Einzug gehalten, aber die Kanalisation in den weitesten Teilen des Landes ist darauf noch nicht vorbereitet, weswegen es immer in dem bereitstehenden Eimer verschwinden und auch nicht in die Schüssel geworfen werden sollte. Beim Hinausgehen zahlen wir ohne das unter den Klomännern der ganzen Türkei berüchtigte deutsche Murren die winzige Gebühr und nehmen fachmännisch die obligatorischen Spritzer *kolonya* entgegen.

Jetzt wollen wir mal sehen, was wir auf dem Busbahnhof zu essen bekommen. Vielleicht gibt es hier ja eines dieser winzigen Lokale, die die Besitzer angesichts der zunehmenden Zahl ortsfremder Gäste liebevoll mit drei an die Wand genagelten bunten Servietten und der Fototapete eines Bergbachs dekoriert haben. Denn analog zum Ideal möglichst üppigen Verpackungsmaterials gilt: Aufwendige Dekoration signalisiert Geschäftstüchtigkeit und Modernität. Aus großen Warmhalteterrinen wählen wir einen Eintopf, der fast immer auf *köfte*, Frikadellen, in Tomatensoße basiert. Vielleicht haben wir in einer Ecke draußen aber auch den Imbißstand bemerkt, wo es so gut duftet und so viele unserer türkischen Mitreisenden sich ein preiswertes, Döner-ähnliches Fleisch zwischen zwei getoastete Brothälften füllen lassen. Nur zu: Das ist *kokoreç*, ein ur-türkisches Fast Food. Gut gewürzter Lämmerdarm vom Spieß.

Und schon hupt der Bus, die *mola* ist vorbei. Weiter geht's. Es ist kühl, es duftet, und es war ruhig. Aber womöglich haben wir ja Pech, und der Bus hat einen Fernseher. Dann ist jetzt, in den letzten Stunden vor dem Ziel, Zeit für das Unterhaltungsprogramm. Was gleich auf dem Bildschirm zu sehen sein wird, ist ein wichtiger Bestandteil türkischer Kultur. Der *ibret verici filim* (»Beispiel gebende Film«), ein in jeder Hinsicht bunt verpacktes moralisches Lehrstück, ist trotz der Begeisterung für amerikanisches Kino immer noch sehr präsent. Meist bekommt darin ein gutaussehender Millionär von einem einfachen Mädchen Unterricht in Herzensgüte, oder eine gefühlskalte Großstädterin bricht das Herz eines verliebten Landburschen, oder die reine Liebe einer Dorfschönheit siegt über alle Vorurteile der Familie, die sich aufführt, als hätte sie es mit einem atheistischen Schweinefleischesser vom Mars zu tun, obwohl es sich nur um den Jungen aus dem Nachbardorf handelt.

Den Filmen kann durchaus auch folgen, wer des Türkischen nicht mächtig ist: Die gute Heldin im mädchenhaften Kleid hat meist mittellange blonde Haare, unbedingt aber eine freie Stirn, die so unschuldig glänzt wie ein frisch gecremter Babypopo. Die verruchte Gegenspielerin trägt Hosen und ihre Haare glatt und kurz, ist meist brünett und raucht in jedem Fall. Bei den Männern läßt sich die moralische Integrität am besten an den Augen ablesen: Entweder sie starren finster-verkniffen in die Kamera (= Bösewicht), oder aber der Linse wabert glasige Verträumtheit (= sensibler Held) entgegen. Beides ist gut zu erkennen, denn gemäß der türkischen Filmästhetik steht die Anzahl der Nahaufnahmen in proportionalem Verhältnis zur Eindringlichkeit des Gefühls.

Und wenn dann die Musik aus den blechernen Folter-Lautsprechern zu ohrenbetäubender Lautstärke angeschwollen ist, wenn das glückliche Paar endlich seinen finalen Kuß vollzogen hat und wir eine letzte Ladung *kolonya* über die Hände gekippt bekommen haben, dann fährt unser Bus in seinen Zielbahnhof ein. Und wir können uns in jeder Hinsicht gestärkt dem wahren Leben zuwenden.

4. Gutes Benehmen für den teutonischen Schnäppchenjäger

Da stehen Sie jetzt also in der Türkei herum. Siebzig Millionen Menschen leben in diesem Land, und etwa die Hälfte davon beginnt sich augenblicklich brennend für Sie zu interessieren. So muß sich eine Rosine fühlen, die in einem Ameisenhaufen gelandet ist. Allerdings in einem orientalischen, wo sich alle Ameisen selbständig gemacht haben. Und ehe Sie sich versehen, stehen Sie in einem Teppichladen.

Bringen Sie es also hinter sich, früher oder später landen ja doch alle dort. Die Konkurrenz ist groß, und jeder Händler beschäftigt entsprechend viele Hilfsameisen, möglichst große Stücke vom Rosinenkuchen in seinen Laden zu schleppen. So bekommen Tourguides rund zwanzig Euro vom Geschäftsinhaber allein dafür, daß eine Busladung Touristen den Laden betritt. Von jedem verkauften Teppich (entsprechendes gilt auch für Lederwaren oder Schmuck) gehen noch einmal 17,5 Prozent an den Reiseleiter ab, ebenso viel bekommt seine Agentur, 2,5 Prozent schließlich sogar noch der Busfahrer. Zeit also für ein paar

Grundregeln zum Thema: »Wie überstehe ich als Hobbytürke mit Anstand und Würde einen türkischen Bazar«. Denn erscheint dem verschreckten Europäer nicht das ganze Land wie ein einziger Bazar?

Da wäre zunächst einmal die Begrüßung. Der Teppichhändler, nennen wir ihn Mehmet, kommt strahlend auf Sie zu und schmettert Ihnen ein »*hoş geldiniz*« entgegen. Viele Türken haben übrigens zwei Vornamen, und der Rufname ist immer der zweite. »*Hoş geldiniz*« bedeutet wörtlich: »Seien Sie fröhlich angekommen«, weswegen Sie mit »*hoş bulduk*« antworten, »wir haben uns fröhlich eingefunden«. Außer dem häufigen »*merhaba*«, das wie ein etwas förmlicheres »Hallo« verwendet wird, implizieren fast alle Grußformeln ein munteres Kommen und Gehen, schließlich ist die gesellige Zusammenkunft dem Orientalen bekanntlich ein Grund zu größter Freude. Zum Abschied sagt der Türke tröstend »*güle güle*«, die Kurzform von »*güle güle git*«, womit er Ihnen »Geh lachend« wünscht, was logischerweise immer nur derjenige sagt, der zurückbleibt. Allein. Weshalb man ihn schweren Herzens mit einem »*Allaha ısmarladık*«, Gott befohlen, wenigstens der Obhut des Allmächtigen überläßt. Oder aber, kennt man sich besser, locker »*hoşça kal*« wünscht, »bleib fröhlich«. Und der Wunsch einer angenehmen Reise wird gerne mit der Hoffnung auf eine Wiederkehr verbunden: »*Su gibi git, su gibi gel*« – »geh wie Wasser, komm wie Wasser«. Küßchen links und Küßchen rechts gibt man sich erst nach näherem Kennenlernen, wobei ein Fremder oft schon dann keiner mehr ist, wenn ihn ein Freund mitgebracht hat. Geküßt aber wird – außerhalb der Familie – fast immer nur ein Angehöriger des eigenen Geschlechts. Allgemein werden soziale Kontakte in erster Linie innerhalb der Angehörigen des eigenen Geschlechts geknüpft, daran sollte man sich auch als Ausländer unter Türken halten. Aber es geht längst nicht bei allen Türken so weit wie bei den Konservativen aus einfachen Verhältnissen, wo man als Mann eine Frau in größte Schwierigkeiten bringen könnte, wenn sie allein auf der Straße unterwegs ist und man sie grüßt, weil man sie zum Beispiel als Ehefrau eines Arbeitskollegen einmal kennengelernt hat.

Beobachtet man übrigens Männer, die statt eines Wangenkusses ihre Stirnseiten aneinandertocken, hat man es mit Anhängern der ultranationalistischen Grauen Wölfe zu tun: Echte Männer küssen sich nicht.

Ein Zeichen besonderer Ehrerbietung gegenüber Älteren und deutlich Höhergestellten ist ein Handkuß, der »Ihr Platz ist über dem meinen« symbolisieren soll: Der Kuß wird nur angedeutet und die fremde Hand anschließend in einer fließenden Bewegung über die eigene Stirn nach oben geführt.

Das angeregte Gespräch fällt nach so einer Begrüßungszeremonie natürlich viel leichter als nach einem »Guten Tag«, dem es egal ist, ob man ihn in Gesellschaft oder mutterseelenallein verbringt. Umstandslos kann nun also näher Bekanntschaft geschlossen werden. So wie sich manche Menschen zu diesem Zweck am Sternzeichen orientieren, so benötigt der Türke zur Erstellung eines ersten Charakterbildes die Herkunft seines Gegenübers. Denn da die Heimatregion nur gezwungenermaßen verlassen wird, haben sich der festen Überzeugung aller Türken nach tiefe Wurzeln zwischen der Scholle und seinen Bewohnern gebildet, ist jeder Aufenthalt in der Fremde gewissermaßen ein Krankheitssymptom, nach dem man seine Mitmenschen nicht beurteilen sollte: Ihr Herz schlägt ganz woanders.

Der regionalen Charakteristika sind viele, weshalb ein knapper Überblick genügen soll: Die Mittelmeerküste ist der Sündenpfuhl, vom Schwarzmeer kommen die Fleißigen, die Istanbuler sind hochnäsig. In Ihrem Fall ist allerdings relativ egal, welchen Heimatort Sie nennen. Mehmet wird in jedem Fall in Lobeshymnen ausbrechen. Das einzige Unterscheidungskriterium für außertürkische Städte ist, ob es der Onkel oder der Cousin oder der Bruder ist / war, der dort arbeitet / mal gearbeitet hat / arbeiten will. Dann fragen Sie Mehmet, woher er kommt, preisen den Ort ebenfalls, beziehungsweise verkünden, daß Sie ihn leider nicht kennen, sich aber schon seit frühester Kindheit nichts sehnlicher wünschen, als genau dieses Dorf sehen und dann sterben zu dürfen. Woraufhin Mehmet verächtlich abwinkt und Ihr Heimatland preist. Woraufhin Sie abwehrend einige kritische Anmerkungen machen und zum positiven Vergleich die Türkei heranziehen. Woraufhin er den Kopf schüttelt und ein paar Gegenargumente nennt, die sein Land äußerst schlecht dastehen lassen. Aber lassen Sie sich nicht täuschen: ein Türke mag noch so sehr gegen sein Land wettern, er ist der Heimat trotzdem aus tiefster patriotischer Seele verbunden und erhebt gerade deshalb letztlich Alleinvertretungsanspruch auf alle Schimpftiraden. Wenn Sie beide allerdings nicht bald einen Kompromiß finden, geht das ewig so weiter, also einigen Sie sich darauf, daß das Wetter in der Türkei besser ist, der Verkehr in Deutschland dafür geordneter.

Nun kann Mehmet mit der eigentlichen Eröffnungsrede beginnen: Natürlich ist er der einzig wahre Teppichhändler, er ragt aufrechten Herzens aus einem Heer von Neppern und Touristenfängern heraus, die den Ruf seiner Zunft, seines Volkes, nein: die Teppichkultur des gesamten Universums elendig zugrunde richten. Er hingegen verrät Ihnen aus tiefster Liebe zum Teppich, aus reiner Misanthropie, weil er gemerkt hat, daß wiederum gerade Sie aus der üblichen Touristenkategorie herausragen und deshalb auch jeder der anatolischen Nomaden, die ihn beliefern, sich glücklich schätzen würde, Ihnen sein Knüpfwerk zu

Füßen legen zu dürfen, er also verrät Ihnen alle Eigenschaften, die einen besonders guten Teppich ausmachen. 42 Knoten pro Quadratzentimeter sollten es schon sein, die Farben natürlich nur aus Pflanzen gewonnen und beim vorsichtigen Reiben nicht sofort abfärbend, die Bordüre aus Seide und nicht aus Baumwolle, die Muster mit anatolischer Bedeutung und keine Phantasieformen, undsoweiterundsofort. Den Erläuterungen, zu denen jeder Händler bei der ersten Tasse Tee ausholt, kann man ruhig trauen. Apropos Tee: Der in Touristengegenden verbreitete *elma çayı*, Apfeltee aus Instantpulver, hat sich vermutlich nur aus einem einzigen Grund im Lande passionierter Teetrinker verbreiten können: Bei den Mengen, die ein Teppichladen benötigt, ist das Apfelgetränk einfach schneller zubereitet.

Bei der zweiten Tasse Tee bekommen Sie dann Mehmets Schätze gezeigt, die zufällig alle den genannten Kriterien entsprechen, wobei auch ein paar Exemplare niederer Touristenqualität als Beispiel eingeschoben werden, damit Sie gemeinsam mit Ihrem neuen Freund in verbrüdernder Einhelligkeit Ihre Verachtung kundtun können. Denn jetzt befingern Sie intensiv jeden Teppichknoten und blicken fachmännisch aus der Wäsche und murmeln »hmm-hmm« und »ah ja« und »na ja«. Oh ja, Sie kennen sich aus und sind auf der Hut, Sie sind jetzt Experte und werden diesem armen kleinen Türken ein echtes Schnäppchen abluchsen.

Was für ein Blödsinn. Mehmet verkauft seit zwanzig Jahren Teppiche, sein Vater hat das schon getan, und seine Oma hat sie vielleicht noch selbst geknüpft. Und Sie wollen es nach zwei Tassen Tee mit ihm aufnehmen. Natürlich gibt es da die Faustregel, daß mindestens ein Nachlaß von dreißig Prozent drin sein sollte und das eigene Gebot bei einem Drittel des geforderten Preises anfangen kann. Aber eine einfache Maßnahme für einen entspannten Einkaufsbummel im Orient lautet: Orientieren Sie sich preislich an dem, was Sie ganz persönlich bereit sind, für ein Stück zu zahlen. Meistens kennen sich Händler mit ihrer Ware dann doch besser aus als Touristen. Akzeptieren Sie das. Bleiben Sie freundlich und gelassen und versuchen Sie nicht, Ihre Unsicherheit durch forsches Auftreten und knallharte Verhandlungstaktik zu überspielen. Sie mögen sich für ein brillantes Schauspieltalent halten, Mehmet erlebt täglich zwanzig von Ihrer Sorte. Wenn Sie der festen Überzeugung sind, den schönsten Teppich der Welt (oder die edelste Messingschale Ihres Lebens, die schickste Lederjacke des Morgenlandes) in Ihren Händen zu halten – warum nicht eine angemessene Summe dafür zahlen? Und wird das Prachtexemplar häßlicher, weil es womöglich gar kein von einer herzigen Oma in einem abgelegenen Bergdorf gefertigtes Einzelstück ist, weshalb Sie den Preis vorsichtshalber weiter drücken wollen? Wie groß ist die Wahrscheinlichkeit, es woanders billiger zu bekommen? Und wie groß der Aufwand dafür?

Zwar hat sich die Türkei das Image als Schnäppcheneldorado selbst eingebrockt, aber inzwischen muß sie dafür bitter bezahlen. Zu oft erleben die Einheimischen Szenen wie diese:

Wir befinden uns im Café neben einer besonders berühmten und beliebten Sehenswürdigkeit, sagen wir, Ephesus. In der ganzen Welt werden an solchen Orten überdurchschnittliche Preise verlangt. Eine Gruppe Touristen setzt sich lärmend nieder, bestens ausgerüstet mit Videokameras, Digitalkameras, schweren Uhren und goldenen Ohrringen. Ein vergnügter Wirt ist sofort zur Stelle und fragt, stolz mit deutschen, englischen und französischen Wortfetzen jonglierend, nach dem Gewünschten. Die dickste, lauteste der Damen erkundigt sich nach dem Preis für einen frischen Orangensaft. »Zwei Euro!«

schmettert der Wirt. Die dicke Dame starrt ihn an, tut demonstrativ entsetzt, erklärt den Tischgenossen fachmännisch: »Ha! Im Ort habe ich einen Euro dafür bezahlt!« und winkt betont lässig ab. Wie ein geprügelter Hund zieht sich der Wirt vom Tisch zurück. Die Gruppe suhlt sich in ihrer Gewieftheit. Was der völlig verblüffte Wirt zu seiner Frau sagt, versteht sie nicht: »Was sollte das denn? Wie kann man wegen eines Saftes so eine Show abziehen? Weiß sie denn, was ich hier für eine Miete zahle? Umsonst gebe ich ihr den Saft, umsonst!«

In diesem Fall hat er das leider nicht getan. Aber die Nörgelei (leider besonders der Deutschen) empört viele Türken mittlerweile so sehr, daß zum Beispiel manche Museen inoffiziell Anweisung gegeben haben, jeden, der sich über die vielerorts erhobene Toilettengebühr von 15 bis 30 Cent mokiert, umsonst durchzuwinken. Was verächtlich gemeint ist und nicht entgegenkommend. Diese Gebühr ist an öffentlichen Plätzen üblich und wird von jedem verlangt. Aber es gibt auch eine offizielle Maßnahme, die den unterschiedlichen Einkommensverhältnissen zwischen Türken und Touristen Rechnung tragen soll: Erstere zahlen in praktisch allen Museen und Sehenswürdigkeiten viel weniger als den ausgewiesenen Eintrittspreis. Meist ist es die Hälfte, in Antikenhochburgen wie Ephesus nur ein Fünftel. Darauf hingewiesen wird am Ticketschalter nie, es gilt der Betrag für »Schüler, Studenten, Soldaten«, oft wird die Ermäßigung aber auch gar nicht angezeigt. Und das ist auch ganz in Ordnung so, unterstehen Sie sich, diese Politik zu beanstanden oder gar selbst eine Ermäßigung zu verlangen. Sie würden sich komplett lächerlich machen.

Um nicht jeden Respekt zu verlieren, sollten Sie sich vielmehr im klaren sein: Türken sind sehr stolz. Dieser Stolz steht in einem sehr komplizierten Verhältnis zur stark hierarchisch geprägten Struktur der türkischen Gesellschaft und erfordert entsprechend sensibles Verhalten. Die Türkei ist ein sehr elitär denkendes Land, in dem Standes- und Rangunterschiede viel zählen. Dafür ist aber auch die Patronage Ehrensache: Man gehorcht seinem Arbeitgeber, weil der für einen sorgt. Egal, ob jemand mehr Fabriken oder mehr Kühe hat: er hat damit mehr Verantwortung. Und geht insbesondere die Verpflichtung ein, sich um die zu kümmern, die an seinem Wohlstand mitgearbeitet haben. Unterwürfigkeit wird mit patriarchalischer Fürsorge belohnt, das sollte auch beherzigen, wer zwar ohne Kuh, dafür aber aus dem reichen Ausland kommt. Hochnäsigkeit geht durchaus in Ordnung und ist als Erziehungsmethode bei besonders aufdringlicher Anhänglichkeit durchaus angebracht – immer aber muß sie einhergehen mit einem generell von Generosität bestimmten Verhalten. Man kann sich das so vorstellen: Zwischenmenschliche Beziehungen werden in der Türkei von genau zwei Faktoren bestimmt: Entweder man gehört zur Familie, oder man hat geschäftlich miteinander zu tun. Und letzterer Fall ist nur ein kläglicher Ersatz für ersteren, der unbedingt der erstrebenswerte Zustand ist. Das heißt, auch Angestellte, die nicht wie bevorzugt aus der eigenen Familie rekrutiert wurden, müssen sich benehmen wie gehorsame Söhne, dafür waltet der Chef mit strenger, aber väterlicher Hand. Das Familienprinzip gilt übrigens auf jeder Ebene: Auch der höchste Politiker ist rührend darum bemüht, all die Seinen auf Posten und Pöstchen um sich zu scharen. Ein Tourist wird entsprechend behandelt wie der reiche Onkel aus Amerika und sollte dann mit »Mitbringseln« in Form angemessener Preise und Trinkgelder für seine entfernten »Verwandten« nicht geizen.

Aber Sie sind ja noch in Mehmets Laden und wollen sich nun doch einmal als gerissener Orientale üben. Die oberste

Bazar-Regel beherrschen Sie inzwischen intuitiv: Auch das Handeln wurde nicht für teutonische Aldi-Fans erfunden, die in der Kluft des Schweinewurstgrillers, aber mit dem Gebaren eines Kolonialherrn dem türkischen Geschäftsmann gegenübertreten. Es ist ein Überbleibsel aus – in der Türkei noch sehr präsenten – Zeiten, da man Waren tauschte und nicht dafür bezahlte. Im Vergleich zu dem Gesprächsstoff, den ein aufwendiges Treffen anläßlich der Lieferung von zwei Kühen gegen einen Sack Weizen bietet, ist die schnelle Übergabe eines mit einer Zahl bedruckten Stücks Papier, zumal wenn es so rasant an Wert zu verlieren pflegt wie lange Zeit in der Türkei, entsetzlich öde und unbefriedigend. Weshalb dem Handeln um so stärker die Aufgabe des unterhaltsamen Austauschs wenigstens von Meinungen, Späßen und Geschichten zukommt. Der Markt ist gleichsam der Salon des einfachen Orientalen: Die Lust an der Konversation muß den Akt des Handelns befeuern. Die Zauberwörter lauten Humor und Esprit. Also reagieren Sie zu Tode betrübt auf den geforderten Preis und verweisen auf Ihre arme alte Mutter, die sie mit durchfüttern müssen, anstatt empört den Kopf zu schütteln und »teuer teuer« zu brüllen. Bescheiden verkünden Sie, daß dieses Stück viel zu edel und gut für Sie sei, anstatt umgekehrt auf seine Mängel hinzuweisen und ein Gesicht zu ziehen, als versuche man Ihnen gerade, verrottete Tomaten anzudrehen. Ein Gespräch mit einem Türken kann gar nicht farbenfroh genug ablaufen, und der direkteste Weg in sein Herz führt über das Lob, das sollten gerade Ausländer beherzigen, die meist aus Verhältnissen kommen, von denen er nur träumen kann, was ihm die eigene Existenz nur um so erbärmlicher und peinlicher erscheinen läßt.

Die Türken sind ein sehr humorvolles Volk, untereinander können die Späße gar nicht schmutzig und derb genug sein – und das gilt sowohl für Frauen als auch Männer, Hauptsache, man ist jeweils unter sich. Aber deutsche Direktheit ist für Türken eher ungewohnt, weil die türkische Alltagssprache viel blumiger ist und unzählige Höflichkeitsfloskeln enthält. Männliche Freunde nennen sich unentwegt *aslanım*, »mein Löwe«, die gute Freundin ist *canım*, »mein Herz«. Auch ist fast nie jemand einfach nur Ali oder Ayşe oder Opa oder Oma, sondern »Alilein« oder »mein Opichen«. Ein verniedlichendes oder besitzanzeigendes Suffix oder beides wird an praktisch jeden Verwandtschaftsgrad und jeden Namen angehängt, den man ruft und das mit größter Selbstverständlichkeit. Türken nehmen auch regen Anteil an ihren Mitmenschen. Das zeigen viele Formeln, die mehr sind als Floskeln und von allen Alters- und Bevölkerungsschichten tagaus, tagein verwendet werden. Wenn Sie zum Beispiel Mehmets Laden verlassen, können Sie ihm »*hayırlı işler*« wünschen, »gesegnete Geschäfte«, trifft man jemanden mitten bei der Arbeit an, sagt man »*kolay gelsin*«, »möge es leicht fallen«.

Die einzige Privatsphäre, die Türken penibel wahren, ist das eigene Heim. Eine fast undurchdringliche Grenze verläuft zur Straße. Haustiere sind unüblich und werden nur in für den Kochtopf geeigneter Form hereingelassen, Straßenschuhe werden grundsätzlich ausgezogen, und was die Reinlichkeit der Wohnung angeht, so herrscht unter türkischen Hausfrauen eindeutig eine Putzneurose.

Damit aber gilt auch: Alles, was sich vor der Haustür abspielt, ist öffentlich. Das bedeutet nicht nur, daß hingebungsvoll geklatscht und gelästert wird – auch und gerade über Fremde. Diskretionsabstände jeder Art sind unbekannt, und die legendäre türkische Gastfreundschaft ist wahrscheinlich nichts als eine Folge brennender Neugierde. Erklingt irgendwo auf der Straße wildes Gebrüll, käme kein Türke auf die Idee, Gleichgültigkeit zu simulieren oder nur verstohlen hinzuschielen. Natürlich rennen alle hin und schauen mit höchstem Interesse zu – sie sind aber auch sofort bereit, einzugreifen, wenn es die Situation erfordert.

Das kann man sich als in unangenehme Situationen geratener Tourist gut zunutze machen. Schon wegen des engen gesellschaftlichen Korsetts ist ein anständiges Benehmen in der Öffentlichkeit von höchster Bedeutung. Das Wunderwort, das dazu führen wird, daß sich alle Köpfe nach dem Missetäter umdrehen werden, er böse Blicke, wenn nötig auch mehr ernten und selbst einen knallroten Kopf bekommen wird, ist *ayıp*. »*Ne ayıp!*« bedeutet »wie unehrenhaft«, ließe sich vielleicht mit »was für eine Schande!« übersetzen und bezieht sich damit auf ein hohes Gut des Türken: die Ehre. Ein unflätiges Wort, ein Zungenkuß im Park, mangelnder Respekt gegenüber der Oma – alles *çok ayıp*, sehr unanständig. Ganz zu schweigen vom Belästigen oder »versehentlichen« Begrapschen hübscher Touristinnen.

Auch unangebrachte Kleidung kann *ayıp* sein. Wobei – von den strengeren Regeln des türkischen Hinterlandes einmal abgesehen – unangebracht bedeutet, daß zuviel Haut zu sehen ist. Möglichst enge T-Shirts und noch engere Hosen hingegen sind, das zeigen schon zwei Minuten Aufenthalt in einer durchschnittlichen türkischen Fußgängerzone, elementares Outfit der modisch gekleideten Türkin. Ihre nackten Schultern und Oberschenkel wird sie hingegen selten zeigen. Weniger als *ayıp*, sondern vielmehr einfach als häßlich gilt die Lieblingskluft europäischer Strandurlauber. Während man selbst sich so herrlich frei und im Urlaub fühlt in seinen Shorts und seinem selbstgebatikten Flatterkleid aus den Achtzigern, marschiert man mitten durch den Alltag eines Volkes, für das Äußerlichkeiten wichtige Statussymbole sind. Der türkischen Stadtfrau von Welt ist der Gang zur Kosmetikerin so selbstverständlich wie der regelmäßige Besuch beim Friseur – auf die Durchschnittsdeutsche pflegt sie ebenso herabzublicken wie die Durchschnittsdeutsche auf die Durchschnittsgastarbeiterin. Für die Türkin macht es hinsichtlich der Sorgfalt bei der Auswahl von Make-up, Frisur und Kleidung auch kaum einen Unterschied, ob sie sich am Strand oder im Stadtcafé der Öffentlichkeit präsentiert. Unter Männern setzen sich allerdings die von der Mehrheit ihrer Geschlechtsgenossen sehr verlachten Shorts als Freizeitkleidung immer stärker durch. Niemals, niemals aber würde ein noch so entspannter Türke die Besichtigung einer Sehenswürdigkeit unter freiem Himmel dazu nutzen, dem bleichen Bierbauch ein wenig Sonne zu gönnen.

Ziemlich *ayıp* wäre es auch, wenn Mehmet Sie übers Ohr hauen würde. Tut er natürlich nicht, aber passieren wird es Ihnen auf jeden Fall. Jedem passiert das, gerade in Touristenorten. Auch wohlhabenden Türken, das mag ein Trost sein. Denn die werden in ungefähr dieselbe Kategorie eingeordnet wie Touristen: in erster Linie als Goldesel. Mit einigem Recht. Die Türkei ist ein armes Land, in dem die oberen Zehntausend in ihrem Geld buchstäblich schwimmen könnten, während die Hälfte der Bevölkerung kaum mehr als das Existenzminimum verdient, Angestellte bekommen durchschnittlich 700 Euro im Monat.

Und die meisten Türken, auch das darf man beim Handeln nicht vergessen, kennen das deutsche Preisniveau ganz genau, weil sie selbst eine Weile dort gelebt haben. Oder Verwandte oder Dorfnachbarn haben, die das tun und im Sommer regelmäßig zurückkehren und den ganz großen Mann markieren. Oder sie kennen Deutschland nur vom Hörensagen. Dann reduzieren sich sämtliche Nachrichten auf einen einzigen Kern: In Deutschland gibt es soviel

Geld, daß sogar die welches bekommen, die nicht arbeiten. Gemäß den türkischen Vorstellungen von Gerechtigkeit und Leistungsbereitschaft bedeutet das zwar, daß Türken nie so recht wissen, ob sie sich Deutschland jetzt als ein unglaubliches Paradies oder eine von Dummköpfen regierte Hölle ausmalen sollen, es bedeutet aber auch, daß ein anständiger Deutscher in jedem Fall mehr für dieselbe Ware zahlen sollte als ein armer Türke. Andererseits: Selbst wenn es für den eigenen Seelenfrieden und Erholungsfaktor manchmal gesünder sein kann, einen höheren Preis gelassen als Entwicklungshilfe zu verbuchen, muß man sich natürlich nicht alles gefallen lassen. Manchmal kommen zum Beispiel erstaunliche Ergebnisse dabei heraus, wenn der Verkäufer im Laden einen Taschenrechner zückt und in Windeseile den geforderten Preis zur Information in verblüffend wenig Euro umrechnet. Dann lächeln wir freundlich, schimpfen auf unser sonnengeschädigtes Touristenhirn und bitten um eine langsame Wiederholung. Die meistens einen ganz anderen Betrag und tausend Entschuldigungen nach sich zieht.

Vorsicht ist auch angesichts der Dreistigkeit mancher Schuhputzer im Istanbuler Touristenviertel Sultanahmet geboten, die bei nichtsahnend in der Gegend herumstehenden Touristen ungefragt das Wienern anfangen und darauf spekulieren, daß der so Überrumpelte sich nicht trauen wird, den Fuß einfach wegzuziehen. Genau das aber sollte man tun und sich nicht von dem scheinbaren Erschrecken und vorwurfsvollen Klagen einschüchtern lassen, sondern mindestens so empört zurückschimpfen: »*Ne ayıp!*« Bei bloßem Zögern hingegen nennt der putzende Despot schnell einen lachhaft geringen Betrag für seine Dienste und erkundigt sich scheinbar freundlich interessiert und so detailliert nach der Herkunft und dem Beruf seines unfreiwilligen Neukunden, bis diesem sein eigenes

Glück glasklar vor Augen stehen muß. Dann erzählt der Schuhputzer herzzerreißende Geschichten aus seinem eigenen Leben, erwähnt elf Kinder, den teuflischen Vermieter und die kranke Frau und bittet, weil der Fremde so besonders schöne Schuhe und so außergewöhnlich gütige Augen hat, um einen geringen Zuschlag – von der Summe allerdings können er, die Kinder, die Frau und wahrscheinlich auch der Vermieter einen Monat ganz gut leben.

Besonders gern holen sich auch Restaurants ihren Anteil am Reichtum. Kaum ein Türke etwa bestellt Fisch, der per Kilo berechnet wird, ohne nicht selbst neben der Waage zu stehen. Oft wird auch auf der Rechnung, die grundsätzlich in Hieroglyphenschrift verfaßt ist, der ein oder andere Posten dazuerfunden, oder einfach nur eine höhere Summe auf die Rückseite gekritzelt. Denn der Kellner ist es gewohnt, darauf zu vertrauen, daß es tief unter der Würde eines türkischen Krösus ist, vor Freunden und Verwandten die Rechnung nachzuprüfen.

Statussymbole sind in der türkischen Gesellschaft immens wichtig: üppiger Schmuck, teure und eigentlich völlig unpraktische Autos, prall gebündelte Geldscheine. Zum einen liegt die mitunter befremdliche Darstellungslust daran, daß das gesellschaftliche Miteinander so ein wichtiger Faktor ist. Niemand hätte Spaß am Reichsein, wenn er es nur für sich wäre. Der andere Grund ist der, daß jene, die »es« trotz der widrigen Umstände eines armen Landes geschafft haben, vor Stolz platzen. Der frühere Bundestagsabgeordnete Cem Özdemir, in Bad Urach geborener Sohn türkischer Eltern, hat die türkische Mentalität in einem Interview einmal sehr treffend so illustriert: »Wenn Besuch zu einer türkischen Familie kommt, dann werden alle Lampen angeknipst und der Fernseher nicht aus-, sondern eingeschaltet. Man ist eben stolz, daß man auch einen Fernseher hat.« Reichtum ist in der Türkei selten herkunftsbedingt, sondern wird als Ergebnis harter Arbeit gesehen. Was umgekehrt auch bedeutet, daß Bettler nur bei offensichtlichen Gebrechen oder biblischem Alter mit Gaben rechnen dürfen. In allen anderen Fällen sollen sie doch nach den allgegenwärtigen Schaufensterzetteln mit der Aufschrift »*eleman araniyor*«, »Hilfskraft gesucht«, Ausschau halten und gefälligst arbeiten. Und das tun sie in der Regel auch, und wenn es nur eine alte Waage und ein Meterband vom Sperrmüll sind, mit denen Passanten für ein paar Pfennig gewogen und gemessen werden. Der Erfindungsreichtum türkischer Ich-AGs ist immens.

Apropos Ich-AG. Es gilt das Motto: Ich habe eine Visitenkarte, also bin ich. Das Verteilen dieser Kärtchen ist neben dem Handytelephonat die Lieblingsbeschäftigung des wichtigen Türken, nehmen Sie also, falls vorhanden, Ihre eigenen auch mit. Und »entwerten« Sie die Rückseite mit einem Kringel oder ein paar Strichen. So wird auch die Rückseite mancher Karten aussehen, die sie bekommen. Das ist ein Überbleibsel aus Zeiten, da man mit der Visitenkarte eines Fremden ein Restaurant besuchen konnte und der Karteninhaber die Rechnung übernahm (Stichwort Patronage!). Reger Mißbrauch hat diese Sitte aussterben lassen, aber die Vorsichtsmaßnahme (die man natürlich immer rechtzeitig und nie vor Augen des Kartenempfängers trifft) hat hier und da überlebt.

Kurz gesagt besteht also eine geradezu moralische Verpflichtung, die eigene Bedeutung und den eigenen Reichtum der Öffentlichkeit zu demonstrieren. Schon, damit sich das einfache Volk daran ein Beispiel nehmen kann und umso fleißiger am eigenen Ruhm bastelt. Und das gilt für alle gesellschaftlichen Ebenen, der erste Krämer am Ort wird seinen Erfolg genauso zur Schau tragen wie der Fabrikant in Istanbul. Es wäre in der Türkei auch ziemlich dumm, sich bescheiden zu geben: Je pompöser man auftritt, desto hingebungsvoller wird man behandelt, bedient und bewundert. Entsprechend ist eine möglichst nachlässige Garderobe kein Ausdruck individueller Freiheit, sondern seltener Dämlichkeit. Mitunter macht es schon einen Unterschied, ob man mit Rucksack oder Koffer reist.

Der Maßnahmenkatalog, der Ihnen die Liebe und den Respekt Ihrer türkischen Gastgeber sichert, dürfte damit einigermaßen vollständig sein. Wahrscheinlich denken Sie jetzt, daß Sie eigentlich Urlaub in der Türkei machen und kein Bewerbungsgespräch führen wollten. Vereinfachen wir also die Benimmregeln: Immer schön lächeln und ein Schwellenland nicht mit einem Campingplatz verwechseln. Und schon hat Mehmet seinen Lieblingsteppich aus dem Lager geholt, Ihnen einen ausgezeichneten Preis gemacht und das Schmuckstück mit einem herzlichen *»güle güle kullanın«*, »verwenden Sie es lachend«, mit auf den Weg gegeben.

5. Atatürk oder Das Pin-up gegen Kopftücher und Schnauzbärte

In Izmirs Stadtteil Karşıyaka, der Heimat meines Vaters, gibt es einen winzigen Park. Auf einem Spielplatz toben Kinder, unter den Bäumen sitzen Liebespaare. In einer schattigen Ecke steht ein vier Meter hoher Naturstein. Ihn ziert der schwarze Bronzekopf einer alten Frau: Zübeyde liegt hier, Atatürks 1923 verstorbene Mutter. Wann immer Atatürk in Izmir war, nahm er die Fähre vom Zentrum nach Karşıyaka, um Blumen auf ihr Grab zu legen. Die belebte Hauptstraße von der Anlegestelle zum Park ging er zu Fuß, an seiner Seite nicht mehr als zwei Begleiter. »Die Leute haben ihn gegrüßt und in Ruhe gelassen«, pflegte mein Urgroßvater zu erzählen, der Erster Sekretär in Atatürks Republikanischer Volkspartei für die Region Izmir war. »Er brauchte keinen Schutz. Die Liebe seines Volkes war Schutz genug.« Nach links und rechts habe er zurückgegrüßt, »und wenn das Blau seiner Augen dich traf, fuhr ein Blitz tief in dein Herz«. Meine Großtante, die als Sekretärin im Büro ihres Vaters arbeitete, schwärmte noch mit achtzig von dem Blau dieser Augen.

Geschichten wie diese kursieren in allen kemalistischen Familien der Türkei. Jeder Türkei-Urlauber witzelt über das allgegenwärtige Atatürk-Porträt. Aber Atatürk ist nicht nur ein Bild. Wer die tiefe, Herz und Verstand erfassende Verehrung vieler Türken zu Mustafa Kemal nicht begreift, kann die Türkei nicht begreifen. Jene, die nicht von vorbehaltsloser Bewunderung erfüllt sind, bringen seinen Errungenschaften doch großen Respekt entgegen, und selbst eingefleischte Islamisten schätzen zumindest seine zahlreichen militärischen Siege, allen voran jenen im Befreiungskampf 1919 bis 1922 gegen die Griechen. Was sie natürlich nicht daran hindert, an manchen Universitäten Flugblätter zu verteilen, die Atatürk vorwerfen, die Türken ihrer Wurzeln, ihrer Seele, ihres Glaubens beraubt zu haben.

»Atatürk« bedeutet übersetzt »Vater der Türken« – und nichts beschreibt bis heute besser das Verhältnis zwischen dem Volk und seinem Staatsgründer. Ein Verhältnis, das von Liebe und Bewunderung ebenso geprägt ist wie von wütender Auflehnung.

Atatürk kommt nicht nur im ersten Satz der türkischen Verfassung vor: »Im Einklang mit dem Konzept des Nationalismus und den Reformen und Prinzipien Atatürks, des Gründers der Türkischen Republik, des unsterblichen Führers und unvergleichlichen Helden...« – immer wieder wird in der Verfassung auf die »Reformen und Prinzipien Atatürks« Bezug genommen. Und seine ins ganze Land eingemeißelten Aussprüche wie »Glücklich, wer sich Türke nennen kann« (»*Ne mutlu Türküm diyene*«) verschmelzen zu einem Mantra, das an Atatürks unbedingten Willen gemahnt, die vielen Völker des Landes unter einem Dach zu einen und zu stärken. Es ist ihm gelungen, aber daß er die Türkische Republik um fast jeden Preis und mit vielen Opfern schuf, daran krankt sie bis heute.

Die Bezeichnung »Atatürk« hat Mustafa Kemal sich selbst ausgesucht. 1934 verordnete er die Einführung von Familiennamen nach europäischem Vorbild. Jeder Türke durfte sich einen Namen auswählen, wobei die meisten von dieser Aufgabe ziemlich überfordert waren und sich nach ihrem Geburtsort oder ihrem Beruf nannten, oder den Geburtsort oder den Beruf ihres Vaters nahmen und ein *oğlu,* »Sohn von«, anhängten. Mustafa Kemal aber wählte »Atatürk«. Schließlich hatte er schon seinen Geburtstag, da sich die Mutter nur an das ungefähre Jahr erinnern konnte, selbst bestimmt: Den 19. Mai 1881 – der Tag, an dem er 1919 den Kampf gegen die alliierten und griechischen Besatzer in der Türkei begann.

Am 24. November 1934 wird ihm der Name Atatürk von der Nationalversammlung offiziell verliehen und per Gesetz geschützt: Bis heute darf sich niemand so nennen – »Atatürk« ist Mustafa Kemals Markenname. Der erfolgreichste einer Reihe von Attributen, die ihm im Laufe seines Leben zugesprochen werden: Weil Mustafa genauso heißt wie sein Mathematiklehrer an der Militärschule, in die er 1893 eintritt, verleiht der Lehrer seinem Klassenbesten den Beinamen Kemal, was arabisch ist und »Vollendung« bedeutet. Als die Türkei im Ersten Weltkrieg dank seiner die Schlacht um die Dardanellen gewinnt und Mustafa Kemal befördert wird, erhält er wie jeder Militär vom General aufwärts den Beinamen Pascha. Und als Mustafa Kemal Paschas Popularität nach zahlreichen Siegen gegen die Griechen ihren vorläufigen Höhepunkt erreicht hat, bekommt er 1921 den Titel *»Gazi«* verliehen, eine Bezeichnung, die ironischerweise erfolgreichen Feldherren ebenso zukommt wie Glaubenskämpfern. Nach dem endgültigen Sieg über die Griechen schließlich ist Gazi Mustafa Kemal Pascha der Größte. Als 1923 der Friedensvertrag von Lausanne unterzeichnet ist, legt er sein Amt als

Oberkommandierender der türkischen Armee nieder. Der Feldherr will sich auf seine Vaterrolle vorbereiten.

Bekanntlich wird er ein despotischer Vater, der sich in einem geradezu atemraubenden Tempo daran macht, alle Verbindungen seines Babys zum Osmanischen Reich zu kappen. Noch im selben Jahr, 1923, gründet er seine *Cumhurriyet Halk Partisi* (CHP), die Republikanische Volkspartei, verlegt die Hauptstadt aus dem osmanischen Istanbul ins anatolische Ankara und läßt sich zum ersten Präsidenten der gerade ausgerufenen Türkischen Republik wählen. 1924 wird das Kalifat abgeschafft, 1925 führt Mustafa Kemal den gregorianischen Kalender ein, schließt – mit größtem Bedauern, er war ein Fan ihrer mystischen Lehre – die ihm zu populären Derwischklöster und läßt nach einem Kurdenaufstand eine von ihm selbst verordnete Oppositionspartei wieder verbieten. 1926 tritt das »Türkische Bürgerliche Gesetzbuch« nach europäischem Vorbild in Kraft, 1928 wird die Trennung von Staat und Religion gesetzlich verankert und das lateinische Alphabet eingeführt.

Dank seiner wirtschaftlichen Reformen und einer erfolgreichen Außenpolitik, die darauf ausgerichtet ist, die junge Nation als unabhängigen, starken Partner in einem sicheren Netz internationaler Friedensabkommen zu verankern, übersteht er alle Angriffe politischer Gegner – das verwirrt taumelnde Volk wird einfach mitgezerrt. Denn als Politiker agiert Atatürk wie als Soldat: schnell, effektiv, brutal. Nie aber, das müssen auch seine größten Feinde einsehen, aus rein egoistischem Machtstreben. Das Charisma, das ihm die absolute Überzeugung verleiht, zum besten der Türkei zu handeln und sie als eine unabhängige, aber im Geiste westlicher Zivilisation geprägte Republik in eine glorreiche Zukunft zu führen, sichert Atatürk bis heute die Unterstützung seiner Bewunderer. Sie folgen ihm wie Söhne, die immer um die Anerkennung eines stolzen Vaters buhlen, mag er sie mitunter noch so schlecht behandeln. »Mit einer rücksichtsvollen Politik kann man keine grundlegende Revolution machen«, verkündete Atatürk im kleinen Kreis gern und begründete seine Rigidität mit der Unreife des Volkes – ganz Vater ungezogener beziehungsweise unerzogener Kinder: Solange du deine Füße unter meinen Tisch stellst, tust du, was ich dir sage.

Aber er leidet durchaus unter der von seinen unreifen Schützlingen erzwungenen Hartherzigkeit: »Das Bild der heutigen Lage zeigt mehr oder weniger das Bild einer Diktatur«, kommentiert Atatürk 1930 zähneknirschend und enttäuscht den gescheiterten Versuch, ein Mehrparteiensystem zu etablieren. Und so entschuldigt bis heute die vom Krämer bis zum Politiker patriarchalisch geprägte türkische Gesellschaft jede Form der Despotie: Solange man sich nach bestem Wissen und Gewissen um seine Schutzbefohlenen kümmert, sind gelegentliche Schläge nützlich und erlaubt.

Entsprechend pflegen Kemalisten alle Kritik an Atatürks diktatorischem Gebaren damit zu begründen, daß man eine unmündige Schafherde wie das gemeine türkische Volk nur mit starker Hand regieren könne. Und wann immer sich ein paar schwarze Schafe weigerten, Atatürk als ihren Hirten zu akzeptieren, wurde die Demokratie von seinem Nachlaßverwalter, dem starken türkischen Militär, kurzerhand ausgesetzt. Auch Atatürk selbst entmachtete die Opposition, wann immer Traditionalisten, Kurden oder Kommunisten das Kernziel seiner Politik in Frage stellten: die Umwandlung eines islamischen Vielvölker-Bauernlandes in eine westliche Industrienation mit strengster Trennung von Staat und Religion. »Der Islam ist höchstens gut für verweichlichte Araber, aber nicht für Türken, die Eroberer und Männer sind«, soll er gesagt haben und:

»Der Politiker, der zum Regieren die Hilfe der Religion braucht, ist nichts als ein Schwachkopf.«

Das Nationalgefühl, das Atatürk den Türken aufoktroyierte, erinnert mitunter an eine Gehirnwäsche, die bis heute manchmal gefährliche, manchmal nur skurrile Auswirkungen hat. Sein Ausspruch »*Türkiye Türklerindir*«, »Die Türkei gehört den Türken«, prangt heute noch auf dem Kopf des Boulevardblattes »*Hürriyet*« neben Flagge und Atatürk-Porträt, aber er demonstriert keine Ausländerfeindlichkeit, sondern entspringt Atatürks Überzeugung, daß die Türkei jenen Landeskindern gehört, die sich zur jungen Republik bekennen, und nicht den alten Osmanen, feindlichen Großmächten oder hinterwäldlerischen Volksstämmen, die seinen türkischen Nationalstaat nicht zu schätzen wissen. Bis heute skandieren türkische Schulkinder jeden Tag vor Unterrichtsbeginn ihm zu Ehren die Worte: »Ich bin Türke, ehrlich, fleißig. Mein Grundsatz ist, die Jüngeren zu beschützen, die Älteren zu achten, mein Land, meine Nation mehr zu lieben als mich selbst. Mein Ideal ist es aufzusteigen, vorwärts zu schreiten. Mein Leben sei der türkischen Nation gewidmet.« Aber das Bekenntnis hält sie natürlich nicht davon ab, auf dem Schulhof und im Internet andere Versionen auszuprobieren: »Ich bin Türke, ehrlich, fleißig und ein Lügner« oder »Ich bin Kurde, noch ehrlicher, noch fleißiger...«

Natürlich will der stolze Vater seine Kinder ganz neu einkleiden, ihnen möglichst schnell das Sprechen beibringen und die richtige Weltsicht vermitteln. Atatürk liebt es, während der von ihm hochgeschätzten, nächtelangen Zusammenkünfte bei viel *rakı* und ausreichend Essen die Bildung seiner Gäste auf die Probe zu stellen, und der Begriff »Tafelrunde« bekommt hier eine ganz neue Bedeutung: Neben dem Eßtisch steht immer eine Schiefertafel, auf der Atatürk von seinen Gesprächspartnern Erläuterungen fordert oder – zum krönenden Abschluß – seine Sicht der Dinge illustriert. Als 1928 die Sprachreform durchgeführt wird, die die arabische Schrift durch lateinische Buchstaben ersetzt und für persische neue türkische Wörter einführt, gibt er im Garten des Istanbuler Dolmabahçe Palastes vor seiner Tafel höchstpersönlich den ersten Unterricht und reist anschließend mit dem Zeigestock durchs Land.

Als Vorbild durchs Land zu fahren ist überhaupt eine von Atatürks Hauptbeschäftigungen. Kemalisten loben gern seine Raffinesse, den Herdentrieb des türkischen Volkes zu nutzen und dann das passende Gesetz zu erlassen. Um auch unbedarften Ausländern das Verständnis von Atatürks Genie zu erleichtern, wird dann vor allem auf seine dreiteiligen Anzüge und schicken Lederschuhe verwiesen. Schon wegen der Bedeutung, die Türken anständiger Kleidung beimessen, muß ein damals derart nach neuester europäischer Mode gekleideter Mann ein großer Staatsmann gewesen sein.

Für die Nachwelt festgehalten wurde auch das Datum, an dem der Große Feldherr zum ersten Mal einen Hut trug: am 24. August 1925. Denn geradezu legendär ist die Vorbereitung seiner »Hutreform«, die im September 1925 das Tragen des Fes offiziell verbietet. Die Abschaffung des Kalifats 1924 – die auf Moslems etwa so wirken muß wie auf Katholiken eine Absetzung des Papstes – scheint nichts gegen die Verwirrung, die Atatürk unter den Gläubigen mit seinem Panamahut auszulösen scheint. Mit dem fährt er herum und hält entschlossene Reden.

Schon andere Modernisierer hatten versucht, die Leute vom Fes abzubringen, und vorsichtig eine »Kopfbedeckung mit Sonnenschutz« empfohlen. Atatürk aber ist das zuwider: »Nennen wir es beim Namen«, spricht er vor seinen Zuhörern. »Das hier ist ein Hut.« Und weil »die Ideen und das Weltbild« der türkischen Republik »von Kopf bis Fuß« zivilisiert sein würden, sei der westliche Hut mit Krempe das passende Kleidungsstück für den modernen Türken: »Sehen Sie sich doch die gesamte islamische Welt an! Weil sie ihr Weltbild nicht der Zivilisation angepaßt haben, befinden sie sich in einem so katastrophalen Zustand und in einer so großen Not.« Zeitzeugen berichten von daraufhin überlasteten Hutfabrikanten und Dörfern voller Männer mit selbstgebastelten Hüten aus Zeitungspapier.

Was seinen Hang zu Pathos und Symbolik angeht, könnte es Atatürk problemlos mit Diktatoren aufnehmen und würde heutige Medienkanzler locker in den Schatten stellen. Bereits ab 1926 werden Bildhauer mit dem Entwurf jener Statuen beauftragt, die bis heute über das ganze Land verteilt sind und den Helden wahlweise mit Pferd, Schwert oder Kind zeigen. Ständig kommen neue hinzu, und würde Atatürk heute noch leben, hielte er wahrscheinlich höchstpersönlich den Devotionalienhandel in seinen unerbittlichen Händen. Interessanterweise beschränken sich die Artikel auch ohne seine Einflußnahme weitgehend auf wenige, eines Vaters und Feldherrn würdige Gegenstände. Im Atatürk-Mausoleum in Ankara gibt es herbe Atatürk-Briefbeschwerer und männliche Atatürk-Manschettenknöpfe zu kaufen; Teller und Tassen hingegen findet man im Land selten.

Nichts aber ist und bleibt so beliebt wie sein Porträt. In Behörden und Schulen und anderen öffentlichen Gebäuden ist es Pflicht, ganz freiwillig aber plakatieren Restaurantbesitzer und private Unternehmer ihre Lokale und Büros mit Bildern und Porträts – das historische Pin-up als Antwort auf das politische Kopftuch islamischer Studentinnen. Für den Kaffeetisch des begüterten Kemalisten erscheinen ständig neue Fotobände, und selbst wenn die

Bilder auszugehen drohen, wissen Atatürks Verehrer sich zu helfen: Im Sommer 2003 erregten Poster, Kalender und ein Buch (»120 Fotos, ein grandioser Mensch«) mit alten, aber nagelneu colorierten Porträts einiges Aufsehen – Atatürk im dramatischen Morgenrot, Atatürk neben tiefroter türkischer Flagge, Atatürk im dramatischen Morgenrot neben tiefroter türkischer Flagge. In digitaler Farbekstase huldigten hier zwei Künstler zum Entzücken der Käufer gleich zwei türkischen Leidenschaften: Atatürk und der Computertechnologie.

Es ist, als tobten sich die Türken, denen der Islam jede Abbildung Gottes streng verbietet, bei ihrem Übervater dafür um so heftiger aus. Wobei das überall aufgehängte Porträt noch einen praktischen Nebeneffekt hat: »Türke«, scheinen diese Bilder zu mahnen, »Atatürk beobachtet dich, wo du auch stehst, wohin du auch gehst.« Wer in Istanbul nach einem Einkaufsbummel auf der *Istiklal Caddesi* das Viertel zum Galata-Turm hinunterbummelt, möge die Straße der Lampengeschäfte nehmen. Eines davon hat regelmäßig eine republiktreue Gartenlampe im Angebot: Im Schaufenster steht eine etwa hüfthohe Säule, in deren obersten, ausgehöhlten Teil ein grün beleuchtetes Atatürk-Gesicht gemeißelt wurde. Flucht ist zwecklos: Dank eines holographischen Effektes wandert Atatürks ernster Blick mit jedem Passanten mit.

Natürlich ist es überhaupt kein Problem, dem Staatsgründer einen Besuch abzustatten: Das Kultusministerium nennt vierzig Atatürk-Museen in der Türkei. Und selbst wenn man von jenen Gebäuden absieht, in denen dem Helden nur ein Raum gewidmet ist (wie dem Zimmer 101 im Pera Palas Hotel von Istanbul), oder die nur in einer besonderen Beziehung zu ihm stehen, wie der Dolmabahçe Palast (wo er starb), dann bleiben auf der Liste immer noch genug Häuser übrig, die in einen Pilgerort verwandelt wurden, nur weil der *Gazi* dort dreimal übernachtete.

Zentrum des Kults ist natürlich *Anıtkapı*, das Mausoleum in Ankara, das mit Friedenspark, Löwen- und Adlerstatuen, trauernden Frauen und kämpfender Jugend, Freitreppen, Säulenhallen und Marmorsarkophag kein Requisit bombastischer Heldenverehrung vermissen läßt. Skurriler sind die unzähligen Gedenkstätten wie zum Beispiel das Atatürk-Haus in Antalya. Hier stieg er nur bei seinem ersten Besuch im März 1930 und für gerade einmal eine Woche ab. Stellte aber fest: »Kein Zweifel, Antalya ist die schönste Stadt der Welt.« Und so sind hier vor lauter Stolz nun nicht nur alte und neue Banknoten und Briefmarken mit seinem Konterfei ausgestellt, Kopien persönlicher Dokumente wie der am 24. November 1934 ausgestellte Personalausweis mit dem nagelneuen Namen Mustafa Kemal Atatürk, sondern auch eine Auswahl seiner Seidenhemden, Morgenmäntel, Handschuhe, Socken, Gamaschen, Teller, Messer, Gabeln, Löffel. Zu sehen sind außerdem eine Büste seiner Mutter, sein Schlafzimmer, das Arbeitszimmer und viele alte Zeitungsausschnitte. Denn zu Lebzeiten wurde jeder Schritt von Atatürks Reisen dokumentiert. Was folgendermaßen klang: »Unser Großer Feldherr geruhte heute um 18 Uhr 46 in Denizli anzukommen...Nach einem fünfzehnminütigem Besuch geruhte er seine Reise fortzusetzen.«

Solche Häuser finden sich von Adana bis Yalova in der ganzen Türkei – und auf türkischem Boden ausgerechnet auch in Griechenland: Die türkische Botschaft wurde direkt neben Atatürks Elternhaus in Saloniki errichtet und ist heute eines der wenigen Museen weltweit, das man nur nach eingehender Paßkontrolle betreten darf. Zu sehen ist neben den obligatorischen Photos, Dokumenten und

Möbelstücken ausnahmsweise auch ein Koran – im Zimmer der Mutter. Wer den »Ort, wo die Zukunft einer Nation geboren wurde« besuchen möchte, muß aber nicht nach Griechenland fahren: Weil seine Geburtsstadt bei den Friedensverhandlungen von Lausanne dummerweise nicht wie vom Großen Feldherrn gewünscht der Türkei zugeschlagen wurde, bekam Atatürk posthum ein ganz besonderes Geburtstagsgeschenk: 1980 schlug der Vorsitzende der Handelskammer von Ankara vor, anläßlich der Feierlichkeiten zum 100. Geburtstag des Republikgründers dessen Elternhaus doch detailgenau in der Hauptstadt nachzubilden. Und pünktlich am 19. Mai 1981 legte der damalige Premierminister Bülent Ulusu den Grundstein für das »Atatürk Haus« von Ankara, zu finden in einem noch von Mustafa Kemal angelegten und sehr geschätzten landwirtschaftlichen Mustergut. Das »*Atatürk Orman Çiftliği*« ist inzwischen ein beliebter Ausflugspark, in dem außer dem Hausklon ein Zoo, ein Pool in der Form des Schwarzen Meeres und der »Feldherrenpicknickplatz« liegen – willkommen in Disneyland Ataturka.

Weil Mustafa Kemal ein so furchteinflößender und respektgebietender Vater ist, lechzen seine Kinder vor allem nach Erinnerungsstücken an den Menschen Atatürk. Sachbücher enthalten gern ein Kapitel »Seine Lieblingslieder« oder schließen mit einer Liste »Was er mochte...« (Omelett, Honigmelonen, Zigaretten, Kaffee, Tischgespräche und *rakı* – den ganz besonders, Atatürk war Alkoholiker), »...und was nicht« (Frühstück, Kaffeeklatsch und Pyjamas. Davon liegen allerdings erstaunlich viele in den Atatürk-Vitrinen). Natürlich gibt es Bücher wie »Atatürks letzte 300 Tage« oder »Witze und Anekdoten aus Atatürks Tischrunden«. Natürlich horten nicht nur Museen seine persönlichen Gegenstände, sondern auch Privatunternehmer wie zum Beispiel die alteingesessenen Besitzer des bekanntesten *boza*-Cafés von Istanbul. *Boza* ist ein leicht alkoholischer Hirsesaft und war Anfang des 20. Jahrhunderts *das* Modegetränk des vornehmen Istanbulers. Auf einem Ehrenplatz steht bei »*Vefa Bozacısı*« das Glas, aus dem Atatürk Ende der dreißiger Jahre bei einem Besuch getrunken haben soll.

Und natürlich kursieren auch zahlreiche Witze, in denen sich die Ehrfurcht gegenüber dem Übervater in Freudscher Lust entladen kann. Eine beliebte Anekdote erzählt die Geschichte, wie sich der Große Feldherr einst bei einigen Nomadenstämmen ankündigte, um für Unterstützung im Krieg zu werben. Dem Ruhmreichen wird ein aufwendiger Empfang bereitet. Doch dann steigt der angeblich so große Soldat vom Pferd und entpuppt sich als deutlich kleiner als erwartet. Unter den Männern macht sich erstes skeptisches Gemurmel breit. Alle setzen sich zum Essen, und der angeblich so große Soldat läßt seine erstaunlich hohe Stimme hören. Das Gemurmel wird lauter. Und als schließlich der Kaffee geordert wird und Mustafa Kemal ihn mit Zucker verlangt, anstatt den türkischen Mokka wie ein richtiger Mann ungesüßt zu trinken, ist die Entscheidung gefallen: An der Seite dieses Weicheis wird man keinesfalls kämpfen.

Natürlich heißt das nicht, daß man sich als Ausländer auch nur den leisesten Witz über Atatürk erlauben kann. Jedes Schulkind könnte daraufhin aus dem Stehgreif einen Vortrag über Atatürks Zwänge, seine politische Klugheit und Weitsicht halten. Gerne wird dazu aus der *Nutuk* zitiert, der Rede, die er vom 15. bis 20. Oktober 1927 auf einem Parteikongreß hielt und die es in unzähligen Ausgaben und Umfängen zu kaufen gibt. Atatürks Manifest ist die politische heilige Schrift der Kemalisten, zu der sie auf der Suche nach Halt gerade in den letzten Jahren verstärkt greifen. Es ist eine Rede über die Gründung, die Ideale und vor allem die Ziele der Türkischen Republik, und indem sie mit den Worten beginnt »Am 19. Mai 1919 landete ich in Samsun« (von wo aus er den Befreiungskampf begann), stellt sie gleich klar, wer der Schöpfer dieser Republik ist. Die *Nutuk* dauerte insgesamt 36 Stunden – jeden Abend diktierte Atatürk, und am nächsten Morgen sprach er weiter – und zeigt seine persönliche, bis heute aber offizielle und unangefochtene Geschichte der Türkischen Republik.

Die türkische Identität ist eine sehr junge, unter großen Schwierigkeiten errungene. Fast beschwörerisch weht überall im Land die türkische Flagge (deren heutige Form übrigens zwar ein Gesetz von 1936 festlegt, die aber eigentlich auf eine schon im Osmanischen Reich verwendete Fahne zurückgeht). Und gerade, weil die Türken durchaus um die Schattenseiten dieser Identitätsfindung wissen, ist sie eine äußerst heikle Angelegenheit, die man vor allem als Ausländer, wenn überhaupt, dann immer in dem Bewußtsein behandeln sollte, daß es dem Volk quasi anerzogen wurde, sich seiner Geschichte emotional zu nähern. Kritische Geschichtsschreibung ist in der Türkei schlichtweg unbekannt. Zwar gibt es gerade unter den jüngeren Historikern genug kritisches Bewußtsein, da seine Artikulation aber, wenn es etwa um Atatürk oder die Armenier geht, oft einfach verboten ist, wird nur sehr sehr vorsichtig formuliert. Allerdings setzt – auch unter dem Druck der EU – ganz langsam ein Wandel ein, wie die Berichterstattung über die Kurden zeigt. Nicht nur veröffentlichen Boulevardblätter wie die »*Hürriyet*« mehrseitige Dossiers zu »Land und Leuten«, auch das etwa mit dem deutschen »Stern« vergleichbare Wochenmagazin »*aktüel*« bringt Reportagen über die harte Rückkehr vieler kurdischer

Familien in ihre zerstörten Dörfer, oder es läßt ehemalige Insassen des Militärgefängnisses von Diyarbakır zu Wort kommen. Seit dem Militärputsch vom 12. September 1980 war die Einrichtung als »das türkische Auschwitz« berüchtigt, und manche sagen, dieser Ort sei der Grund für die Existenz der terroristischen PKK.

Die Peitschenhiebe, mit denen Atatürk das türkische Volk vorantrieb, haben tiefe Wunden hinterlassen. Andererseits ist es diesem Sohn eines Zollbeamten und einer Bauerntochter aus Saloniki zu verdanken, daß die Türkei sich auf dem besten Wege befindet, zu dem einzigen islamischen Land zu werden, das den Ansprüchen europäischer Demokratien genügt.

Mustafa Kemal starb am 10. November 1938 um 9 Uhr 5, an einer Leberzirrhose. In der ganzen Türkei werden die Zeiger stehengebliebener Uhren auf diese Position gestellt, und alljährlich am Todestag steht zum Gedenken an ihn die Zeit im Land für einen Moment still. Übrigens ist natürlich auch Mustafa Kemals angeblich letzter Wunsch bekannt: Artischocken. Sofort wurde nach dem Gemüse geschickt, aber es kam zu spät. Atatürk starb, ohne seine letzten Artischocken gegessen zu haben.

6. Wie die liebestollen Köche des Sultans die türkische Küche zu einer der besten der Welt machten

In einem »Merian«-Heft über Istanbul gibt es ein Kapitel mit Ausflugstips in die Umgebung. Nach einer Fahrt ans Marmarameer solle man auf dem Rückweg unbedingt »in dem reizenden kleinen Ort Küçük Çekmece Station machen«, schreibt die Autorin, »um dort ein ›Dönerkebab‹ zu verspeisen, eine der besten türkischen Spezialitäten – mehr verrate ich nicht«. Das Heft stammt vom Dezember 1962.

Der Geheimtip hat sich inzwischen erledigt, schon allein deshalb weil niemand auf die Idee käme, zum Döneressen in die Nähe des Flughafens zu fahren. Döner ist natürlich längst kein Fremdwort mehr, sondern als »DÖHna« ein fester Bestandteil des deutschen Wortschatzes (Türken sagen eher »*dönnÄR*«) und steht unter »Dönerkebab« sogar im Duden. Wertvoll ist der Hinweis trotzdem: als ein weiterer Beweis, daß Dönerkebab keineswegs in Berlin erfunden wurde, wie gerne verbreitet wird.

Döner heißt »drehend«, *kebap* ist ganz allgemein ein Fleischgericht. Schon ein türkisches Wörterbuch aus dem

11. Jahrhundert erwähnt »um einen Spieß geschichtetes Fleisch«, und der französische Reisende Broquiere sah genau dies bereits bei seinem Besuch 1432 in Bursa. Noch aufschlußreicher ist das Mittagessen, das der preußische Generalfeldmarschall Helmuth von Moltke an einem Junitag 1836 ebendort beim »Kiebabtschi« einnahm, »kleine Stückchen Hammelfleisch, am Spieß gebraten und in Brotteig eingewickelt, ein sehr gutes, schmackhaftes Gericht«. Dieses *dönerkebap* erinnert schon eher an das beliebteste deutsche Fast Food, von dem täglich zwei Millionen Portionen über die Theke gehen, und das tatsächlich in Berlin perfektioniert wurde. In der Döner-Hauptstadt kommen auf eine verkaufte Currywurst 100 Kebabs, es soll mit rund 1300 Läden mehr Dönerbuden als in Istanbul geben, und von hier aus trat mit den Scharen türkischer Gastarbeiter, die sich in den siebziger Jahren selbständig machten, der Döner seinen Siegeszug durch Deutschland an. Die Türken müssen erkannt haben, daß ihr *dönerkebap* den eiligen Deutschen sehr entgegenkommt, wenn sie es in Brot einwickeln – ganz so, wie die gute alte Frikadelle und Knackwurst der deutschen Einwanderer in Amerika zum Schnellimbiß wurden, nachdem man sie als Hamburger und Hot dog bequem durch die Gegend tragen konnte.

In der Türkei hingegen ist das Essen im Stehen vorerst nur eine dieser neumodischen Erfindungen, die vor allem Touristen im Sightseeingstreß geschuldet ist. Sicher, die Zeiten werden auch hier rauher, und irgendwann wird es auch hier als schick gelten, fürs Essen keine Zeit mehr zu haben – noch aber ißt der Türke im Sitzen, soviel Zeit muß sein. Die türkische Form des Schnellimbiß ist die Garküche, wo die Gerichte schon fix und fertig in großen silbernen Behältern warmgehalten werden, weshalb man sich wenigstens zum Essen an die auch im kleinsten Lokal prinzipiell bereitstehenden Tische setzt. Und nicht ohne

Grund bieten die Straßenhändler der Städte ihre Sesamkringel und ihr Süßgebäck vor allem an Busbahnhöfen und Fähr-Anlegestellen an, an Orten also, wo die Vorbeieilenden gleich eine Weile im Sitzen verbringen werden. Entsprechend wird auch *dönerkebap* beim *kebapçı*, dem Fleischgerichtspezialisten, auf dem Teller serviert: Das am Spieß Gebratene (von Lamm, Hammel oder Schaf) kommt auf gewürfeltes Weißbrot, darüber wird eine Soße aus Knoblauchjoghurt gegossen, über die wiederum mit Paprika gewürzte zerlassene Butter. Mit Tomatensoße ergänzt heißt das Ganze *Bursa-* oder *Iskender kebap*, benannt nach seinem angeblichen Erfinder, einem gewissen Iskender (Alexander) aus Bursa. Moltke übrigens bekam seinen »Kiebab« wohl in der Form, die heute, angeregt vom Erfolg der Falafelverkäufer, auch manche Dönerbuden wieder anbieten: Beim *dürüm döner* wird das Fleisch in einen dünnen Brotteig eingerollt. Und natürlich aß auch Moltke nicht im Stehen: »Nachdem wir die Hände gewaschen, setzten wir uns nicht an, sondern auf den Tisch, wobei mir meine Beine schrecklich im Wege waren.«

Nein, Dönerkebab ist längst kein Geheimtip mehr, vielmehr müssen die Türken ständig erklären, daß es sich dabei zwar um ein beliebtes, aber keineswegs um »das« türkische Nationalgericht handelt. Mit den (in jeder Hinsicht) zunehmenden Türkeireisenden setzt sich allerdings langsam die Erkenntnis durch, daß es nicht nur Dutzende weiterer Kebab-Arten gibt, sondern außerdem jedes türkische Dorf eine nach ihm benannte *köfte*-Spezialität (Frikadellen) zu besitzen scheint. Daß es fast so viele türkische Methoden der Teigzubereitung und -füllung gibt, wie Italien Pastasorten hat. Daß das Gemüse nicht nur für die Touristenkameras so farbenprächtig und vielfältig auf den Märkten herumliegt. Und irgendwann wird sich vielleicht auch herumgesprochen haben, daß es durchaus türkische

Süßspeisen gibt, die nicht vor Sirup triefen – ein paar, zumindest.

Dank des osmanischen Erbes gilt die türkische neben der französischen und chinesischen als eine der vielfältigsten Küchen der Welt. Einfachste Mahlzeiten der zentralasiatischen Nomaden, das gesalzene Joghurtgetränk *ayran* zum Beispiel, haben ebenso überlebt wie das von den Seldschuken angewandte Garen ganzer Lämmer in Erdgruben; und Gerichte wie *Arnavut ciğeri* (Albanische Leber), *Çerkez tavuğu* (Tscherkessenhuhn) oder *Arap kebabı* (Arabisches Kebab) erinnern daran, daß vom Balkan bis nach Syrien Dutzende Länder die osmanische Eßkultur bereichert haben.

Woher ein Gericht kommt, erkennt man meist leicht an seinem Namen. Entweder es heißt nach der Region, aus der es stammt. Dann ist es wahrscheinlich eine Mahlzeit aus dem Volk. Oder aber die Speisen haben Namen wie »Damennabel« (*hanım göbeği*), »Die Lippen der Schönen« (*dilber dudağı*), »Mädchenbrüste« (*kız memesi*) oder »Frauenschenkelfrikadellen« (*kadınbudu köfte*). Dann stammen sie wahrscheinlich aus der Palastküche der osmanischen Sultane, wo Männer am Herd standen, die Hände in der Rührschüssel und die Gedanken offensichtlich beim geheimnisumwitterten Harem.

Die Palastküche war die Haute cuisine des Osmanischen Reiches, wer etwas auf sich hielt im Land, der aß wie die Herrscher in Istanbul. Ins Topkapı Serail wurden die besten Köche des Reiches geholt, wo sie sich gegenseitig im Verfeinern der Küche ihrer Heimat ebenso wie im Erfinden möglichst aufwendiger Speisen zu übertrumpfen suchten. Mit den zunehmenden Ansprüchen konzentrierten sich die Köche zunehmend auf ihre Stärken, von Sultan zu Sultan wurden die Namen blumiger und die Spezialisten spezieller. Bis heute gibt es in der Türkei deshalb beim *kebapçı* keinen Fisch und beim *köfteci* kein Döner. Der *muhallebici* verkauft ausschließlich Pudding, und beim *pastacı* nach Brot zu fragen, hat auch keinen Zweck, das gibt's beim *ekmekçi*, während ersterer Kuchen verkauft, *pasta*. Endlos ließe sich die Liste weiterführen, indem an die Bezeichnung für das Nahrungsmittel einfach ein »-ci« (oder seine Varianten) gehängt wird, das man am besten mit »Fachmann für« übersetzt und das übrigens nicht nur mit Essen funktioniert: Wenn *ayakkabı* das Wort für »Schuh« ist, dann nennt sich der Schuhmacher *ayakkabıcı*.

Der Sultanshof mag verschwunden sein, aber die Zünfte haben ihr Wissen von Generation zu Generation weitervererbt (viele Restaurantköche in Istanbul reklamieren für sich, direkte Abkömmlinge von Palastköchen zu sein), und ihre Ansprüche haben sich auch auf die türkischen Hausfrauen übertragen. Jede übernimmt zumindest ein paar Rezepte ihrer Mutter, und jeder Türke nimmt für sich in Anspruch, seine Großmutter sei die beste Köchin der Welt gewesen. Und so werden unzählige türkische Omas im ganzen Land von ihren geschäftstüchtigen Kindern und Enkeln für den Familienbetrieb rekrutiert, um mit »home made food« die Touristen anlocken zu können. Der Ehrgeiz türkischer Köchinnen ist groß, und so ist es ganz einfach, zum Beispiel die alten Frauen herauszufordern, die mit Mehlschüssel und Teigroller vor einer heißen Platte auf dem Boden hocken und vor den Augen der Gäste *gözleme* backen, herzhaft gefüllte Pfannkuchen: Man muß ihnen nur ganz unschuldig von der eigenen Oma erzählen, die auch immer *gözleme* buk, mit einem Teig so dünn, daß man die Zeitung darunter lesen konnte. Und schon wird der Enkel nach einer Zeitung geschickt und drauflosgerollt, daß sich das Holzbrett biegt.

Als gute Köchin zu gelten, ist auch für die emanzipierteste Türkin ein erstrebenswertes Lob, für das es sogar eine eigene Formel gibt: »*Elinize sağlık*«, »Gesundheit Ihren Händen« sagt, wem es geschmeckt hat. Die Antwort darauf ist »*afiyet olsun*«, »wohl bekomm's«, was auch zu Beginn der Mahlzeit als »guten Appetit« verwendet wird. Außerdem bekommt man auf das Lob hin sofort eine weitere Portion angeboten, die natürlich nur im Notfall abgelehnt werden darf: Gerade Ausländer betrachtet die Türkin wie eine besorgte Mutter ihr Kind prinzipiell als ausgehungert, und die einzig mögliche Ausrede ist eine (notfalls vorgetäuschte) Krankheit oder Allergie und muß, die rechte Hand aufs Herz gelegt, mit der innigsten Dankbarkeit und todunglücklichem Bedauern vorgebracht werden.

Und was kocht die Türkin? Auf jeden Fall Fleisch, besonders für Gäste. Entgegen anders lautenden Gerüchten gehört es auch in der Türkei mittlerweile zu einem »richtigen« Essen dazu. *Dolma* (gefülltes Gemüse) heißt *yalancı dolma*, »Lügner-*dolma*«, wenn anstelle von Hackfleisch Reis in zum Beispiel der Paprika steckt. Und es wird vorwiegend auf kalten Büffets oder als leichtes Mittagessen serviert. Vegetariern kann es durchaus passieren, daß ihnen auf die Frage nach entsprechenden Gerichten stolz Hühnerbrust oder im Blätterteig »verstecktes« Fleisch serviert wird, ganz ohne böse Absicht, sondern einfach aus irritiertem Unverständnis. Umgekehrt haben es im Ausland lebende Türken schwer, Fleisch nach ihren Ansprüchen zu finden. Denn das abgepackte Fertigfutter im Supermarkt entspricht keineswegs ihren Bedürfnissen. Sie sind die beim Metzger im Ganzen hängenden Tiere gewöhnt, von denen ihnen der Fachmann genau das gewünschte Körperteil in genau der benötigten Größe absäbelt. Am häufigsten vom Schaf. Das beste Kebab soll das Fleisch eineinhalb bis zwei Jahre alter männlicher Schafe geben, zubereitet am Tag der

Schlachtung. Und beim Anblick der schwarzen Hammel Anatoliens mit ihren besonders dicken Schwänzen bekommt so mancher Türke glasige Augen: hieraus wird das bevorzugte Fett der klassischen Kebabküche gewonnen; ein Scheibchen Schwanz pro zwei Stückchen Fleisch sorgt für das perfekte Aroma.

Als Mutprobe mag Ausländern ein Besuch beim *işkembeci* gelten: *Işkembe çorbası* ist Kuttelsuppe, die während des Ramadans auch alle Familien schlürfen, die ein Schaf geopfert haben. Desweiteren hat der Koch vielleicht *kelle-paça* im Angebot, eine Suppe aus Schafskopf und Schafsfüßen. Während die *işkembe çorbası* besonders gerne sehr spät beziehungsweise sehr früh nach einer langen und feuchten Nacht getrunken wird, ist *kelle-paça* die Currywurst Anatoliens: das Frühstück der Bauarbeiter, Nachtarbeiter und anderer echter Männer.

Kelle-paça und ganz besonders das Lammdarm-Döner *kokoreç* dient türkischen Gegnern eines EU-Beitritts übrigens als wichtiges Argument. Derlei beliebte Innereiengerichte würde das EU-Gesetz nämlich verbieten, und besonders am Mittelmeer und im europäischen Teil des Landes betrachten die Türken voller Schadenfreude immer wieder gern die manchmal ungewöhnlich langen Schlangen mit Tagesausflüglern vor ihren Imbißständen: »Ach, in Griechenland ist heute wieder ein Feiertag!«

Eine beliebte Alternative zum Kebab sind *köfte*. Es gibt Dutzende Sorten, die bereits erwähnten »Frauenschenkel« sind mit Zimt gewürzte und panierte Lammfleischfrikadellen, andere werden mit Knoblauch, Minze oder Nüssen, mit Hanf, Linsen oder Weizengrütze, mit Kartoffeln, Spinat oder Auberginen zubereitet. Besonders ehrgeizige türkische Köchinnen servieren *köfte*, die bei der leichtesten Berührung mit der Gabel auseinanderfallen: Damit zeigen sie, daß sie das Fleisch eigenhändig gehackt und nicht durch den Fleischwolf gedreht haben. Und in Südostanatolien gibt es einen Brauch, wonach die Schwiegermutter an dem Tag, an dem die neue Tochter ins Haus kommt, *içli köfte* zubereitet, gefüllte *köfte*: So wie die Füllung in das Fleisch gedrückt und »verschlossen« wird, so verschlossen, wünscht die Mutter sich, soll auch der Mund der jungen Ehefrau, so gehorsam soll sie sein.

Meist zieren das Fleischgericht ein paar dekorativ geschnittene Tomatenviertel. Manchmal gibt es auch Salat nach europäischem Vorbild. Grünzeug mag in der Türkei aber nur das Vieh wirklich, weshalb ein Salat bei Tisch vor allem hübsch aussehen soll und hingebungsvoll arrangiert wird, schmecken muß das Rohkostkunstwerk mit seinem halben Tropfen Öl nicht. Eine Ausnahme bildet der *çoban salatası*, Hirtensalat aus kleingeschnittenen Tomaten, Zwiebeln und viel Petersilie mit ordentlich Zitrone und Öl zum Brottunken.

Wenn zum Essen Gemüse gehört, dann hüllt es sich wie beim *dolma* um das Fleisch oder schwimmt mit ihm in eintopfartiger Eintracht in einer Soße auf Tomatenbasis. Zwar sind die Türken ganz verrückt nach Pommes frites, die der Einfachheit halber *pomfrit* heißen, und manchmal gibt es auch Reis zum Essen, die klassische türkische Küche aber kennt keine Beilagen. Nudeln sind ebenso wie Reis eine eigenständige Mahlzeit. *İç pilav*, Reis mit Lammleber, Korinthen und Pinienkernen, zum Beispiel gilt als eine Delikatesse für besondere Anlässe.

Aber schon das Reiskochen an sich ist eine komplizierte Angelegenheit. Wenn früher die Familie des Bräutigams auf Brautschau ging, mußte die Kandidatin beim Besuch der potentiellen Schwiegermutter Reis kochen, denn ein gutes *pilav* ist Ehrensache der türkischen Hausfrau. *Pilav* hat körnig zu sein, aber nicht trocken, gut geölt, aber nicht pappig. Ein erprobtes Rezept meiner (glücklich verheirateten!) Tante: Langkornreis oder Basmati bester Qualität wird morgens in warmem Wasser eingeweicht und abends vor der Zubereitung abgespült, bis das Wasser klar ist (das soll die überflüssige Stärke lösen. Zur Not geht auch ein gründliches Abspülen mit heißem Wasser vor der Zubereitung). Dann in *çok* Olivenöl anbraten (und wenn Türken sagen *viel* Öl, dann meinen sie viel Öl!) und mit Salzwasser aufkochen. Dabei sollte man sich unbedingt genau an die Packungsanweisung halten, weil jeder Reis unterschiedlich viel Wasser aufnimmt. Türkische Packungsangaben sind in dieser Hinsicht zuverlässig, ansonsten mag als Richtwert die eineinhalbfache Menge Wasser zu Reis gelten. Während der Reis zieht, wird zwischen Topf und Deckel eine Lage Küchenpapier geklemmt, das saugt überschüssiges Wasser auf. Mit Lamm oder Huhn und ein paar orientalischen Gewürzen (Zimt ist besonders beliebt) wird daraus ein Hauptgericht.

Reis spielt auch bei den zahlreichen Bräuchen rund ums Essen eine ganz besondere Rolle: Die bekannte türkische Köchin und Küchenforscherin Nevin Halıcı erzählt von einer alten Tradition in Izmir, wonach die Brautmutter am Tag der Hochzeit ein ganzes Huhn auf Reis, *börek* (gefüllte Blätterteigtaschen), zwei Sesamringe und süßes *baklava* in das Haus des zukünftigen Schwiegersohns schickt, damit das Paar vor der Hochzeitsnacht davon ißt: Das *baklava* symbolisiert die Liebe, die dem Paar gewünscht wird, *börek* und Sesamringe den Reichtum. Das Huhn ist die Braut, die nun nicht mehr der eigenen Familie gehört, sondern der des Schwiegersohnes »übergeben« wird. Und der Reis soll viele Kinder bringen. In Anatolien gab es einen Brauch, wonach ein junger Mann, der heiraten wollte, dies seiner Familie nicht offen sagte, sondern indem er einen Löffel in das gemeinsame Reisgericht in der Mitte des Tisches steckte und die Tafel verließ: ein

Zeichen, daß er nun seinen eigenen Hausstand gründen wolle.

Als Beilage also sind türkische Reisgerichte eigentlich viel zu schade. Wozu auch braucht man Beilagen, wenn Gott den Menschen das Brot geschenkt hat? Mit 146 Kilo pro Kopf und Jahr reklamiert die Türkei für sich den höchsten Brotverbrauch weltweit, und daß die Deutschen mit rund 85 Kilo die Spitzenreiter in Europa sind, liegt wahrscheinlich nur daran, daß laut der (neidischen) Britischen Bäckervereinigung zehn Prozent des Brotes in Deutschland für die Türken produziert wird – und das, obwohl die nur 2,6 Prozent der Bevölkerung ausmachen. Tatsächlich gibt es kein Gericht, zu dem ein Türke kein frisches Brot essen wollen würde – *taze ekmek*. Und unter *taze*, frisch, verstehen Türken prinzipiell gerade erst geschlachtet / gefangen / gebacken. Weshalb »abgehangen« in der türkischen Küche kein Gütesiegel ist und Fisch nur an der Küste gegessen wird. Und im Restaurant Ausländer das Brot vom Morgen bekommen. In diesem Fall kann man sich freundlich nach frischem Brot erkundigen, und sofort dürfte der Brotkorb ausgetauscht werden. Garantiert hat die Küche *taze ekmek* da, aber weil Touristen erfahrungsgemäß weniger Wert auf Brot zum Essen legen, bekommen sie jenes auf den Tisch gestellt, das sonst nur noch für die *köfte* am nächsten Tag verwendet würde. Das ist kein Affront, schließlich ist das Brot nicht alt, es ist nur nicht mehr *taze*, und diese Gottesgabe wegzuschmeißen, bringt kein guter Türke übers Herz. Eine alte Tischregel besagt auch, daß nach einem Essen niemals abgerupfte Brotstücke zwischen den Tellern übrigbleiben dürfen.

Im Gegensatz zum Brot ist Knoblauch hingegen kein in irgendeiner Weise herausragender Bestandteil der türkischen Küche. Fast jedes italienische Nudelgericht enthält mehr davon, der Ruf einer knoblauchlastigen türkischen

Küche stammt wahrscheinlich vom Joghurt, der anstelle von Soßen gerne zum Essen gereicht und tatsächlich oft mit Knoblauch gewürzt wird.

Beim Kochen aber ist Blattpetersilie das beliebteste Gewürz. Noch wichtiger als Unmengen dieses Krauts, das in *köfte* ebenso gehört wie in *dolma,* sind nur Zwiebeln. Und Öl. Weshalb die Mengenangaben für diese beiden Zutaten ein ausgezeichnetes Mittel sind, um etwa die Güte türkischer Kochbücher zu testen: sie müssen den Gewohnheiten türkischer Großmütter entsprechen. Das einzige mir bekannte Werk in deutscher Sprache, das dieses Kriterium erfüllt, ist Nevin Halıcıs »Das türkische Kochbuch«. Die Originalausgabe aus dem Christian Verlag ist vergriffen, aber ein Nachdruck aus dem Komet Verlag findet sich oft im modernen Antiquariat – wer viel über die traditionelle türkische Küche erfahren, über einige Zutaten staunen und manches aus seinem Urlaub nachkochen will, sollte unbedingt zugreifen. Die darin verwendeten Öl- und Zwiebelmengen erinnern mich stark an die Rezepte meiner Großtante, weshalb Halıcıs Angaben unbedingt zu trauen ist. Und selbst wenn man als ungläubiger Mitteleuropäer das Öl feige um zwei Drittel reduziert und ungefähr fünfzehn Zwiebeln weniger pro *köfte* verwendet – das Essen wird immer noch besser schmecken als die eingedeutschte Version aus der »Kochen-wie-im-Urlaub«-Ecke deutschsprachiger Zeitschriften, der so manche türkische Großmutter einen ordentlichen Schweinebraten vorziehen würde.

Bei wem sich das figurbewußte Gewissen meldet, der denke an die Lobeshymnen auf die mediterrane Küche, die Ernährungsberater anzustimmen pflegen, und sei versichert, daß keine der herzinfarktfreien türkischen Omas »die Pfanne mit einem Pinsel dünn mit Öl einschmiert«, oder zwischen Ziegen melken und Enkel hüten Zeit dafür hat, »Auberginen in fingerdicke Scheiben zu schneiden, mit Salz zu bestreuen, dreißig Minuten ruhen zu lassen, vorsichtig auszudrücken und abzuspülen, damit sie nicht so viel Fett aufsaugen«. *Saçma*, würde die türkische Großmutter dazu sagen, Blödsinn. Erstens ist es der Daseinszweck der Aubergine, sich jeden Tropfen Fett einzuverleiben, der sich in ihre Nähe wagt, weil sie ganz genau weiß, daß sie sonst nach rein gar nichts schmeckt. Und zweitens dient die Salzprozedur eigentlich dazu, den Bittersaft aus den Zellen zu pressen. Man kippe stattdessen nur ordentlich Öl in die Pfanne – und von Bitterkeit keine Spur.

Wenn sich jemand mit Auberginen auskennt, dann die Türken. Nur Tomaten verbrauchen sie mehr, *patlıcan* gilt als »die Königin unter den Gemüsen« ebenso wie als »das Fleisch der Armen«, es gibt von der eingelegten über die gefüllte Aubergine bis zur Auberginenmarmelade mehr als zweihundert Rezepte und etliche Redewendungen, die die bedeutende Rolle der Aubergine in der türkischen Kultur spiegeln. Im wegen seiner vielen Holzhäuser von Stadtfeuern sehr geplagten osmanischen Istanbul soll es jedes Jahr zur Auberginenzeit besonders viele Brände gegeben haben, weil plötzlich gebraten und gekocht wurde, was die Ernte hergab, so daß es schließlich sogar einen Sultanserlaß gegeben haben soll, der die Einfuhr des Gemüses in die Stadt verbat. In Südostanatolien, das als eine Hochburg gilt, gibt es ein geflügeltes Wort: »Einen Schluck Wasser bitte, aber ohne Aubergine«, und in der ganzen Türkei kennt man Sprichwörter und Rätselreime rund um die Aubergine.

Ganz besonders gerne wird auch darüber gerätselt, woher der Name *imambayıldı* für mit Tomaten gefüllte (und ausnahmsweise mit viel Knoblauch gewürzte!) Auberginen stammt. »*Imam bayıldı*« kann man mit »der Imam fiel in Ohnmacht« oder aber »der Imam war hingerissen« übersetzen. Nevin Halıcı zufolge lud ein Ladenbesitzer nach dem Besuch in der Moschee den Vorbeter zum Essen in sein Haus ein, ohne zu bedenken, daß seine Frau an dem Tag Wäsche gewaschen und folglich nicht gekocht hatte. Hals über Kopf erfand sie ein Gericht mit den einzigen beiden Zutaten, die sie im Haus hatte, und servierte die Auberginen mit Tomate voller Sorge. Nach dem Essen aber kam ihr Mann in die Küche und beruhigte sie: »Mach dir keine Sorgen, meine Liebe, der Imam war hingerissen!« Eine andere Geschichte erzählt von einem sehr sparsamen Imam, der in Ohnmacht gefallen sein soll, als er die Mengen des kostbaren Olivenöls sah, in dem die Auberginen schwammen. Ernährungswissenschaftlich wahrscheinlich wenig plausibel, dafür besonders phantasievoll ist die Begründung, die eine dritte Theorie liefert: Zum Zwecke des Kindersegens verbänden sich das Zink der Aubergine und das Jod des Knoblauchs mit göttlicher Hilfe zu einem Gericht, das Frauen Schönheit und Männern besondere Kraft in den Lenden verleihe. Weshalb der Blutdruck des Imam beim Anblick seiner begehrenswerten Frau so sehr gestiegen sei, daß er in Ohnmacht fiel.

Schwach werden Türken sonst nur bei Süßem. Allerdings wird es selten als Nachtisch gegessen, sondern zum unter Türkinnen immens beliebten Kaffeeklatsch. Süßspeisen haben in der Türkei vor allem eine gesellschaftliche Funktion. Die süßeste Zeit des Jahres ist in der Türkei der Ramadan, wenn abends das Gebäck tablettweise vom Konditor geholt wird, um mit Freunden und Verwandten nach Sonnenuntergang das Fasten zu brechen. Süßigkeiten sind das Gastgeschenk bei Einladungen egal welcher Art, ein Standardmitbringsel bei der Rückkehr von Reisen und gehören zu jedem zu feiernden Anlaß mit Gästen, Kollegen oder Nachbarn dazu, egal ob man eine andere Arbeitsstelle angetreten oder ein neues Haus bezogen hat. Es gibt sogar ein spezielles Helva, das in Südostanatolien nach einem Begräbnis gereicht wird.

Da die meisten und beliebtesten Süßspeisen aus der Palastküche stammen, sind sie oft kompliziert oder langwierig herzustellen, also holt man sie aus der *pastane*, oder die Frauen treffen sich zum Plaudern gleich dort, in der Konditorei. Da liegen sie dann, immer zu einem Glas Wasser, auf dem Teller: der sirupgetränkte Spritzkuchen, ein wenig sirupgetränktes »Engelshaar« (dünne gebackene Teigfäden mit Pistazien), ein sirupgetränktes Mädchenbrüstchen (mit Walnüssen gefülltes Gebäck), die sirupgetränkten schönen Lippen (Fettgebackenes in entsprechender Form), ein sirupgetränkter Frauennabel (dasselbe als Kugel mit Loch), und unbedingt noch ein kleines Stückchen sirupgetränktes *baklava*, das Blätterteiggebäck mit Nüssen dazwischen, schrecklich süß, aber auch schrecklich gut, wenn es ganz frisch ist. Was den Europäern die Sahne, ist in den warmen Ländern eben der Sirup. Wem das alles zu sehr klebt, der gehe nach nebenan zum *muhallebici,* dem Spezialisten für Reismehlpudding, Milchreispudding, Schokoladenpudding, Vanillepudding, Mandelpudding und Hühnerpudding. Ja, Hühner – faserdünne Hähnchenbrustscheiben – gehören in diesen karamelisierten Milchpudding, eine ganz besondere *muhallebici*-Spezialität.

Baklava ist ebenso wie *lokum*, das Geleekonfekt aus Stärke und Nüssen, das bevorzugte Mitbringsel bei Einladungen zum Essen und wird dann tatsächlich als Nachtisch zum Kaffee gereicht. Ansonsten gilt: nach dem Hauptgericht wird frisches Obst gegessen, unbedingt und immer. Was immer die Jahreszeit zu bieten hat, ordentlich geschrubbt, manchmal sogar geschält, stets üppig aufgetürmt.

Apropos üppig: Türken würden Gästen niemals nur einen Teller mit einer fertig angerichteten Portion darauf servieren. Am liebsten stellen sie riesige Schüsseln auf den Tisch. Es muß unbedingt mehr als genug für alle da sein, schon wegen der *Elinize-sağlık-afiyet-olsun*-nehmen-Sie-doch-noch-ein-Stück-oh-nein-danke-aber-bitte-nein-wirklich-nicht-aber-natürlich-doch-na-gut-aber-nur-ein-winziges-bißchen-Zeremonie.

Rakı, Kaffee und anderer »Türkentrank«

Und was wird zum Essen getrunken? Fangen wir hinten an, beim Kaffee. Wer sich besonders schick und modern geben will, bietet Nescafé an. Und wer seinen Gastgebern möglichst wenig Arbeit machen will, der nimmt damit vorlieb. Kaffee- war wie Reiskochen ebenfalls eine beliebte Übung für angehende Schwiegertöchter, denn der perfekte türkische Mokka trägt noch in der Tasse eine Schaumkrone, und die ist gar nicht so leicht herzustellen. Am wichtigsten ist, nicht zu sparsam mit dem Kaffeepulver zu sein und es im *cezve* (dem langstieligen Kännchen) zusammen mit dem Zucker ganz langsam aufkochen zu lassen. Manche lassen deshalb den wärmeableitenden Löffel zum Umrühren im *cezve*, während es auf dem Herd steht – was sind schon verbrannte Finger gegen einen gelungenen Kaffee.

Filterkaffee gibt es in der Türkei dagegen selten, die türkische Entsprechung zur Kaffeemaschine sind vielmehr die zwei Teekannen, die überall bereitstehen. Unten das heiße Wasser und oben der Teesud, der immer schwärzer und schwärzer wird, weil er stundenlang auf dem Herd steht und von der unteren Kanne warmgehalten wird. Durchs ganze Land wuseln kleine Jungen mit ihren Teetabletts: Direkt nach – manchmal allerdings auch anstelle – der Schule jobben sie bei den alten Männern in den Teeküchen, eilen quer über Dorfplätze, laufen von Laden zu

Laden oder schlängeln sich zwischen den Massen in städtischen Basaren hindurch, um ihren Kunden die Tulpengläschen zu reichen. Keinen Tropfen aus dem Glas auf die mindestens zwei Stück Zucker zu verschütten, die immer auf der Untertasse bereitliegen, ist Berufsehre.

Längst hat der Tee den früheren »Türkentrank« abgelöst. Das erste europäische Kaffeehaus stand in Italien und mußte 1645 gleich nach der Eröffnung wieder schließen, als der Papst erklärte, Kaffee sei ein Moslemgetränk und wer es zu sich nehme, werde exkommuniziert. Dabei hatte schon im 16. Jahrhundert ein religiöser Ordnungshüter in Istanbul erklärt, daß Kaffee zu den vom Islam verurteilten Getränken gehöre, weil der Koran jedes Lebensmittel, das schwarz wie Kohle geröstet werden müsse und dabei seine natürlichen Inhaltsstoffe verliere, ächte. Doch trotz der geistlichen Order, der noch weitere folgen sollten, eröffnete 1554 ein gewisses Duo namens Hakem und Şem Istanbuls erstes Kaffeehaus, und viele taten es ihnen nach und stürzten sich auf das gute, wenn auch »verfluchte Geschäft«. Und als englische Seefahrer Ende des 17. Jahrhunderts den Tabak in die Stadt brachten, war das Glück der Poeten, Derwische, entlassenen Beamten und sogar Imams, die diese Cafés bevölkerten, vollkommen.

Kaffee ist in der Türkei nach wie vor auch ein beliebtes Hausmittel: Besorgte Pensionsbesitzer drängen grüngesichtigen Urlaubern gegen ihren verdorbenen Magen gerne ein Täßchen extra starken türkischen Mokka auf, angereichert mit Teeblättern und Zitronensaft. Das schmeckt so unvorstellbar grauenhaft, so ekelerregend schrecklich, wie es klingt – aber es hilft, und sei es nur, weil der Magen panische Angst hat, das Zeug noch einmal verabreicht zu bekommen. Starker Mokka mit Zitrone hilft auch gegen Migräne. Und bei eher leichterem Durchfall würge man ein bis zwei Teelöffel Teeblätter mit so wenig

Wasser wie möglich hinunter, ein Kirscheis im Anschluß ist dann kein Problem mehr. Bei Magenschmerzen schmackhafter ist starker Pfefferminztee mit dem Saft einer halben Zitrone inklusive Schale.

Zum Essen wird immer Wasser getrunken, häufig *kola*, gerne Bier, manchmal Wein. Die einfacheren *lokantas* (Lokale) aber servieren gar keinen Alkohol, Wein gibt es nur im *restoran*. In den letzten Jahren gründen immer mehr junge engagierte Önologen neue Weingüter, kultivieren hundert Jahre alte Trauben, laden zur Weinprobe und drucken auf ihre Geschenkkartons geduldig ein »Wein A–Z« mit Erläuterungen wie »Schwere = Eindruck, den gute Weine auf der Zunge hinterlassen«. Denn was Wein angeht, üben die Türken noch – das aber mit Hingabe. Gerade an der Küste wird zum Beispiel jeder Wein unabhängig von seiner Farbe prinzipiell sonnenwarm oder tiefkühlkalt serviert. Manch einer hat allerdings in seinem Sommerurlaub gekühlten Rotwein schätzen gelernt, zumal bei minderer Qualität. Es gibt mittlerweile zwar beachtliche Tropfen, die aber erwarte man nur in gehobeneren Restaurants.

Kaum etwas falsch machen kann man hingegen mit dem Nationalgetränk *rakı*. Siebzig Millionen Liter des Anisschnapses werden jährlich in der Türkei getrunken, und manche begründen seine Beliebtheit mit der Tatsache, daß der Koran nur das Trinken von Wein verbiete und sich *rakı* außerdem so gut tarnen läßt, wenn man Eiswürfel hinzufügt oder ihn mit Wasser verdünnt. Weil sich der Alkohol dann trübt, vor allem aber, weil er natürlich so überaus gesund ist und auch aus »rein medizinischen« Gründen getrunken wird, heißt der *rakı* auch »Löwenmilch«. Meine Großtante hingegen trank gerne mal ein Gläschen Whisky, »gegen die Erkältung«.

Dabei sind all diese Ausreden vielleicht gar nicht nötig: Die Interpreten streiten sich, was mit dem im Koran erwähnten arabischen »hamr« gemeint sei. Die einen übersetzen es als ein »aus gegorenen Trauben gewonnenes«, andere verstehen darunter allgemein ein »berauschendes Getränk«. Im Koran gibt es mehrere Suren dazu, einige davon verweisen ausdrücklich auch auf die nutzbringenden Eigenschaften von »hamr«, andere warnen vor dem »Lockmittel des Satans«. So wie im Koran immer wieder betont wird, daß vor allem das rechte Maß zwischen gut und schlecht entscheide, so lassen auch die Suren zum Thema Alkohol darauf schließen, daß es vor allem das Übermaß war, das man durch Regeln verhindern wollte. Mohammed scheint schlechte Erfahrungen mit besoffenen Betern gemacht zu haben, ausdrücklich muß er in der vierten Sure fordern, man solle doch bitte nicht betrunken zur Moschee kommen: »O die ihr glaubet, nahet nicht dem Gebet, wenn ihr nicht bei Sinnen seid (sondern wartet), bis ihr wisset, was ihr sprecht.«

Das richtige Maß an *rakı* ist eine Wissenschaft für sich. Denn ein echter Osmane will davon nicht betrunken werden. Er läßt sich gerade so weit anregen, um in geselliger Runde eine gutgelaunte Konversation zu führen. Die dafür perfekte Portion nennen *rakı*-Trinker *gıda* – was auch das Wort für »Nahrung« ist. Die beiden Traditionsmarken sind *Yeni rakı* und *Kulüp rakı*, wobei ersterer als der ehrliche *rakı* des Volkes und der zweite als die Schickeria-Variante gilt. Ausländern wird gerne die neue, etwas mildere Marke *Tekirdağ* empfohlen. Eine besondere Delikatesse, die gerne direkt ab Werk unter der Hand verbreitet wird, soll die *ilk damıtma* einer Brennerei sein, die »erste Destillation«, ein besonders aromatischer, leicht gelb getönter *rakı*. Vom griechischen, 37,5-prozentigen Ouzo unterscheidet den *rakı* übrigens (neben seiner Beschränkung auf Anis, während Ouzo noch weitere Gewürze wie Fenchel oder Zimt enthält) sein Alkoholgehalt von 45 bis 50 Volumenprozent. Kein Wunder, daß *rakı* nur abends, zur türkischen Hauptmahlzeit, getrunken wird. Und wer Kopfschmerzen vermeiden will, bleibt den ganzen Abend dabei. Niemals sollte man Wein nach *rakı* trinken, während die umgekehrte Reihenfolge in der Regel kein Problem ist. Aber zu den zahllosen warmen und kalten Vorspeisentellerchen der berühmten *rakı*-Tafel gehört er natürlich von Anfang an dazu. So ein *rakı sofrası* kann sich endlos in die Länge ziehen, deshalb ist er so beliebt: Er gibt Gelegenheit zu unzähligen Zigaretten und ausgiebigen Mengen *rakı*, was die Einhaltung der *gıda*-Regel deutlich erschwert. Wahrscheinlich ist bei so einem Abend der türkische Ausdruck für »Prost« entstanden: »Şerefe!« heißt wörtlich »Auf die Ehre« und hatte ursprünglich einmal die Bedeutung von »Nichts, was an diesem Tisch gesagt wird, soll nach draußen dringen«.

Soviel zur türkischen Küche, dem wahrscheinlich wichtigsten Teil der türkischen Alltagskultur. Aber eigentlich müssen Besucher all diese Rezepte, Regeln und Gebräuche gar nicht kennen. Sie werden ganz sicher nicht verhungern. Eigentlich gibt es nur eine Tatsache, die Ausländer beachten müssen. Ganz besonders jene Neulinge, die bislang nur das Urlaubsnachbarland kannten, sollten bei gegebenem Anlaß sofort und mit der größten Selbstverständlichkeit bestätigen:

Die Griechen haben alles nur geklaut.

Ach, und noch etwas: Die beste Köchin der Welt war natürlich *meine* Großtante.

7. Wer braucht schon seine oberste Hautschicht oder Ein Besuch im Hamam

Natürlich, jeder tut es. Steht ja schließlich im Reiseführer, irgend etwas wie »tauchen Sie ein in die sinnliche Welt der orientalischen Dämpfe, und fühlen Sie sich wie neugeboren«. Und dann dieses putzige selbstgemalte Schild draußen, auf dem in liebevoller Schreibschrift von duftendem Rosenöl die Rede ist, von verwöhnenden Massagen und himmlischer Entspannung. Und von länger anhaltender Urlaubsbräune! Also treten Sie ein. Ins Hamam, denken Sie. Von wegen: eine als Wellness-Oase getarnte Folterkammer ist das. Aber jetzt ist es zu spät. Jetzt müssen Sie da durch.

Um es gleich zu sagen: Türken werden Sie vermutlich wenige hier treffen. Daran ist nicht nur die Verbreitung privater Bäder schuld. Die gab es auch früher schon, und die Türken gingen trotzdem ins Hamam, weil es dort viel lustiger war. Die Hauptverantwortung tragen vielmehr die Beschleunigung der Welt und der damit verbundene Siegeszug der Dusche. Ferner die Lockerung der Sitten, welche vielfältigen gesellschaftlichen Umgang ermöglicht, ohne dabei ins Schwitzen kommen zu müssen. Und schließlich die Erfindung der Demokratie. Denn im Hamam wurde früher Politik gemacht. Hier traf sich der Sultan mit seinen Beratern, drehte sämtliche Wasserhähne auf und schmiedete abhörsicher seine Intrigen. Hier reiften beim Seifen aber auch viele Pläne des aufmüpfigen Elitekorps der Janitscharen: Der Sturz Sultan Selims III. von 1807 soll im Hamam des Istanbuler Janitscharen-Quartiers Şehzadebaşı seinen Anfang genommen haben.

Aber gut, während unter wellnessbewußten Türken Jakuzzi, Thalasso und Shiatsu der letzte Schrei sind, gehen Sie eben ins Hamam. Eine dicke Frau mit wenig Zähnen oder ein grinsender Hüne mit dunklem Schnauzbart hat Sie entschlossen am Arm gepackt und zum Regal mit den vergilbten Kunststofflatschen geführt. Raus aus den Schuhen, rein in den Plastik gewordenen Alptraum deutscher Hautärzte. Damit schlappen Sie in den Umkleideraum. Schön nackig ausziehen – aber bloß nicht nackig bleiben! Sie befinden sich in einem anständigen Land und binden sich das *peştemal*, das Hamam-Leintuch, schön brav um die Hüften. Oder knoten es gegebenenfalls über dem Busen. Wenn Sie sich nicht vorsorglich einen sehr viel praktischeren Bikini mitgebracht haben. Profis führen außerdem ihre eigenen Flipflops und ihren eigenen Rubbelhandschuh mit sich.

Jetzt geht es zum Nabel der Hamam-Welt: in den heißen, marmornen Raum mit dem *göbek taşı*, dem »Nabelstein« in der Mitte. Früher schritt man durch dicke Dampfschwaden, denn dieser Raum wurde unterirdisch mit Holz befeuert, und man konnte den Boden kaum ohne Holzpantinen betreten. Die vornehme Ausführung aus dunklem Holz mit schimmernden Perlmuttintarsien läßt sich in vielen Museen bewundern, und angesichts der Höhe dieser Edelstelzen wird endlich auch klar, warum junge Türkinnen heutzutage mühelos in ihren geliebten Plateau-Ungetümen durch die Einkaufscenter klappern können: Stabile Knöchel müssen damals einen eindeutigen Evolutionsvorteil bedeutet haben, schließlich fanden Trampel keinen Mann und damit keine Fortpflanzungsgelegenheit. Denn das Hamam war bis weit ins 20. Jahrhundert hinein ein wichtiger Heiratsmarkt der türkischen Gesellschaft. Wo sonst konnte man die jungfräuliche Weiblichkeit so genau auf makellose Haut, gesunde Glieder und ein gebärfreudiges Becken prüfen. Hatte eine Familie einen begehrten (weil wohlhabenden) Junggesellen zu vergeben, besahen sich Mütter, Tanten und Großmamas die Heiratskandidatinnen im Hamam.

Überhaupt, die Frauen und das Hamam. Früher war es für die Frauen die einzige Möglichkeit, mal aus dem Haus zu kommen. Entsprechend zelebriert wurde der Besuch. Mit Kind, Kegel und Kosmetik ging es ins Bad; Tücher, Kissen und Decken für ein erholsames Nickerchen wurden mitgeschleppt, und, da der Besuch den ganzen Tag in Anspruch nahm, ausreichend Verpflegung. Die allerdings im Vorraum verzehrt wurde – im Bad haben und hatten Tee und Limonade und eingelegtes Gemüse und Blätterteigtaschen und Obst und Kuchen nichts zu suchen. Im heißen Dampf hatte man schließlich genug mit der Schönheitspflege zu tun: Das hüftlange Haar galt es zu waschen und zu färben, Beine und Arme zu epilieren, die Haut zu salben und zu ölen. Das eigentliche Bad aber nahm die Seele: Endlich einmal konnten die Frauen hemmungslos plaudern und tratschen, kichern und singen. Was den Männern, die sich vergleichsweise kurz im Dampf aufhielten, das Kaffeehaus war, bedeutete den Frauen das Hamam.

In dessen Hauptraum treten Sie nun ein. Heutzutage wird er mit modernen, besser regulierbaren Methoden erhitzt und erreicht schon aus Sparsamkeit nicht mehr jene

Temperaturen, die 1836 den türkeireisenden Helmuth von Moltke fürchten ließen, »gesotten wieder herauszukommen«. Sie legen sich aber noch nicht auf den Nabelstein in der Mitte, sondern setzen sich in eine der Nischen außen herum, direkt neben eines der Becken mit den zwei kunstvoll verzierten Wasserhähnen und einer häßlichen blauen Plastikschüssel. Früher gab es schöne Messingschalen, aber die stehen inzwischen in den Urlaubsvitrinen der Touristen. Bademeister pflegen die Plastikalternative gerne mit »hygienischen Gründen« zu erklären, aber der Gedanke an die Sandalen an Ihren Füßen genügt, um die höfliche Notlüge zu enttarnen. Mit Hilfe der Schüssel lassen Sie nun ab und zu Wasser über Kopf und Schultern rinnen und schwitzen friedlich vor sich hin.

Sie werden bemerkt haben, daß das Becken so klein ist, daß sich bei aufgedrehtem Kalt- und Warmwasserhahn das Wasser auch ohne Stöpsel in der gewünschten Temperatur darin sammeln kann. Denn fließendes Wasser ist grundlegender Bestandteil der Reinlichkeitsgebote im Islam, und wenn Mohammed zumindest vor dem wichtigsten Gebet der Woche am Freitag ein Bad vorschreibt, so ist damit keinesfalls ein Vollbad in stehender Brühe wie in Europa zu verstehen, sondern eher die gründliche Version der fünf täglichen rituellen »kleinen Waschungen«. Heute gibt es dafür die Dusche, früher stellte oder setzte man sich – war man nicht im Hamam – in die Nähe einer Abflußmöglichkeit, schöpfte mit einer Schüssel Wasser aus einem erwärmten Bottich neben sich, seifte sich gründlich ein und spülte mit Hilfe der Schale nach: Nicht der »kleinste Fleck am Körper« darf laut Mohammed trocken bleiben, und der Dreck und mit ihm die Sünden müssen abfließen können. Ganz nebenbei sorgte der fortschrittliche Pragmatiker so für eine gewisse Hygiene unter den Gläubigen.

Um die »Reinheit der Seele« sichtbar machen zu können, erfand das islamische Recht für das Volk später noch den Ritus der kleinen Waschungen, die so detailliert nicht im Koran stehen: Dreimal werden die Hände bis zu den Handgelenken gereinigt. Dreimal wird der Mund ausgespült, dreimal die Nase. Dreimal wird das Gesicht gewaschen, dreimal der linke Unterarm vom Ellbogen bis zum Handgelenk, dreimal der rechte Unterarm, dreimal der linke Fuß bis zum Knöchel, dreimal der rechte. Und wenn zwischen Waschritual und Gebetsbeginn dem Mund ein böses Wort entfährt oder dem Darm ein unschönes Geräusch – dann setzt sich der gläubige Moslem noch einmal an den Wasserhahn und fängt von vorne an.

Stehende Gewässer sind dem Türken ein Greuel, und die tägliche Reinigung eine Selbstverständlichkeit. (Vorausgesetzt, man hat die Mittel und Möglichkeiten dazu – gerade auf dem Land ist fließendes Warmwasser keinesfalls eine Selbstverständlichkeit.) Entsprechend undenkbar waren in den Palästen der Sultane mit ihren prächtigen Hamams die mittelalterlichen Zustände in Europa – man denke nur an die verlausten Perücken des europäischen Adels oder die fehlenden Toiletten, die der Architekt von Versailles schlichtweg einzuplanen vergessen haben soll. Ganz zu schweigen von Ludwig XIV., von dem laut den Aufzeichnungen seiner Ärzte verbürgt sein soll, daß er zwischen 1647 und seinem Todesjahr 1711 genau einmal gebadet habe: 1665. In Istanbul ließen die Herrscher für das Volk unzählige Bäder errichten, ebenso war es für jeden wohlhabenden Osmanen Ehrensache, seiner Stadt ein Hamam zu stiften.

Nun kann man sich in etwa vorstellen, mit welchem Gesichtsausdruck in den sechziger Jahren manch türkischer Gastarbeiter oder Student hinter seiner schwäbischen Vermieterin stand, wenn sie ihm das Badezimmer zeigte, mit größter Bestimmtheit verkündete: »Und des isch' für

Samschtags!« und dann generös erklärte, der Untermieter dürfe sich aber sein eigenes Wasser einlassen.

Wahrscheinlich ist es auch die enge Verbindung zwischen Reinlichkeit und Religion (sieht das Hamam mit seiner Kuppel nicht aus wie eine Moschee?), welche Pilze und andere hautschädigende Kleinstlebewesen fernhält. Denn anders als über Schwimmbäder, Saunen und sonstige Feuchtbiotope existieren über Hamams keine Horrorgeschichten von wäßrigen Hautausschlägen und besorgniserregenden Zehennagelverfärbungen. Trotzdem bringen sich Türken, sollten sie sich doch einmal aus nostalgischen Gründen ins Hamam verirren, ihre Ausrüstung natürlich selbst mit. Früher, um damit zu protzen, heute, um allzu engen Hautkontakt mit den Hinterlassenschaften der Vorgänger zu vermeiden.

Denn jetzt, nach etwa einer halben Stunde arglosen Herumsitzens, geht es los. Jetzt kommt der Folterknecht, der sich hier Bademeister nennt, *tellak,* oder, falls weiblich, *natır.* Ihr Instrument heißt in jedem Fall *kese*, war früher aus Ziegenhaar und ist heute ein grober Baumwollhandschuh. Ein Wunder, daß sie nicht Sandpapier nehmen, zumal der Koran für die Waschungen als einzige Alternative zu fließendem Wasser Sand erlaubt. Diese Prozedur hat nichts, aber auch gar nichts mit dem von Wellnessexperten gern propagierten »sanften Peeling« zu tun. Hier wird nicht ein wenig an ein paar Hautschüppchen herumgeschubbert. Hier werden Sie der Einfachheit halber gleich von Ihrer gesamten obersten Hautschicht befreit. Denn das, was da jetzt in Form kleiner brauner Röllchen durch die Gegend fliegt, ist kein Dreck (und muß Ihnen deshalb auch nicht peinlich sein), das sind Hautschüppchen – jedes einzelne davon dem *tellak* ein Triumph. Früher pflegte er mit dem Daumen prüfend über die Haut des Kunden zu fahren, erst ein Quietschen signalisierte die vollständige Entfernung des schützenden Fettfilms und damit das Ende der Schmirgelei.

Danach ist der Weg frei für die Seife. Literweise wird Duschgel in einen großen Baumwollsack gegossen. Aus Rücksicht auf die Touristen steht die Seife in einem schmucken orientalisch anmutenden Kännchen bereit, kommt aber eigentlich aus der kostengünstigen Großmarktflasche. *Tellak* oder *natır* pusten ein paarmal in ihren überdimensionierten Waschlappen, dann schütteln sie ihn ein paarmal, und dann verschwinden Sie in einer duftenden, weichen Seifenwolke: ein Schaumbad im wahrsten Sinne des Wortes. Für kurze Zeit wiegen Sie sich in Sicherheit.

Bei dieser Gelegenheit ein paar Worte über das Verhältnis zwischen Bademeister und Besucherin. Wahrscheinlich kümmert sich ein *tellak* um Sie, denn aus den anfangs genannten Gründen sind Sie in einem Touristenhamam gelandet, das gleichzeitigen Besuch beider Geschlechter ermöglicht: Reisegruppen und -paare schwitzen gerne gemeinsam. Niemals aber würde eine anständige einfache Türkin – und das sind die Bademeisterinnen in der Regel – sich um nackte Männer kümmern. Also arbeitet in jenen Hamams, die weder räumlich zwischen Damen- und Herrentrakt oder zeitlich zwischen Frauen- und Männertag unterscheiden, ein *tellak*. Und dem sind Europäerinnen willkommene Abwechslung von der eintönigen Arbeit. Zumal sie, wenn sie sich zu zweit oder gar allein den Händen eines wildfremden Mannes anvertrauen, ihm sämtliche Klischees bestätigen. Denn niemals würde eine anständige Türkin – und das sind die Hamambesucherinnen in der Regel – einen *tellak* dulden.

Ließ es sich in früheren Zeiten nicht vermeiden, daß ein männlicher Bademeister seine Arbeit im Gebäude am Frauentag versah – Peeling oder gar Massagen aber waren undenkbar –, so trug er zum Zeichen seiner »Blindheit« gegenüber weiblichen Reizen über einem Auge eine Binde. Was dem modernen *tellak* nicht im Traume einfiele. Irgendeinen Vorteil muß der anstrengende Job ja haben. Und jetzt, da Sie ihm vom Scheitel bis zum großen Zeh in Schaum gehüllt ausgeliefert sind und alleine keinen Schritt tun könnten, ohne auf die eingeseifte Nase zu fliegen, jetzt startet er sein spezielles Herzensbrecher-Programm für die emanzipierte Europäerin. Das beginnt mit einer moralischen Abhandlung in schlechtem, aber wortreichem Englisch über seine ganz persönliche Ansicht zum Thema Recht und Anstand, die sich in etwa folgendermaßen zusammenfassen läßt: »Vor Gott und mir sind alle Menschen nackt und gleich, Gott und ich lieben alle Menschen, alle Menschen sollten sich lieben, warum also sollten nicht alle Menschen mal was zusammen trinken gehen?« Er meint natürlich ganz speziell Sie und sich. Weshalb die Keine-Sorge-Stufe folgt: »Ich kriege hier ständig Angebote von den Frauen und gehe immer mit. Ich will ja keine verletzen. Wenn mir eine Kundin ganz besonders sympathisch ist, schlage ich auch selbst mal ein Treffen nach Feierabend vor.« Seiner Überzeugung nach ist Ihre Spannung unter der Schaumschicht jetzt ins Unerträgliche gestiegen: Gehören Sie zu den Auserwählten? Wird er...? Da es der *tellak* aber schon von Berufs wegen mit jeder Fernseh-Soap aufnehmen könnte, folgt erst eine dramaturgisch raffinierte Hinhalte-Taktik in Form von ein wenig realer und verbaler Schaumschlägerei. Er wird ein wenig weiterseifen, noch einmal auf die Bedeutung seiner modernen Moralvorstellungen und Menschenliebe für den Weltfrieden eingehen und erst dann ganz nebenbei ein lockeres »Wir zum Beispiel könnten auch zusammen ausgehen, warum sollte das verwerflich sein?« in den Raum werfen.

Und jetzt sind Sie dran. Dumme Situation, nicht wahr?

Aber ist das denn ein Wunder? Zuhause empören Sie sich auf der Straße über jeden dummen Spruch türkischer Goldkettchenträger, könnten aus dem Stand einen Vortrag über die schlimme, schlimme Rollenverteilung im Islam halten, aber hier haben Sie sich ohne mit der Wimper zu zucken halbnackt in die Obhut eines halbnackten Türken begeben (denn auch der *tellak* trägt nur ein *peştemal*). Was haben Sie denn erwartet? Also: freundlich bleiben. Als einfacher Türke – und das sind *tellaks* in der Regel – kann er gar nicht anders. Er ist nicht gefährlich, nur unwiderstehlich. Reißen Sie ihn nicht aus seinen Träumen, das könnte negative Auswirkungen auf die Dauer der späteren Massage haben. Tun Sie so, als hätten Sie ihn nicht gehört oder nicht verstanden. Und wenn er – was unwahrscheinlich ist – sein indirektes Angebot wiederholt und auf einer direkten Antwort besteht, dann spielen Sie die Verwirrte, leicht Beleidigte, und weisen darauf hin, daß Sie natürlich nur mit Ihrem Mann oder Verlobten auszugehen pflegen, der übrigens mit seinen türkischen Cousins im Café nebenan auf Sie warte.

Vielleicht aber hatten Sie ja Glück, es gibt tatsächlich einen Frauentag und eine *natır* kümmert sich um Sie. Dann können Sie sich ja entspannen. Denken Sie nicht daran, daß die Badefrau wie ihre Kollegin, die sich gerade um eine andere Touristin kümmert, jeden Quadratzentimeter Ihres Körpers begutachtet hat. Und gerade auf türkisch ausführlich erörtert wird, ob Sie genug essen, was von der Farbe Ihres Fußnagellacks zu halten ist und welcher Ihrer Körperteile mal wieder eine Rasur vertragen könnte.

Apropos Rasur: eine gute Gelegenheit, das große Geheimnis eines ganz bestimmten türkischen Männergehabes zu lüften. Der Islam fordert eine Entfernung der Körperbehaarung. So einfach ist das. Denn jetzt dürfte jede Frau, die einschlägige Erfahrungen mit dem rasanten

Wachstumsverhalten in der Bikinizone hat, voller Neid begreifen, warum Türken – die bekanntlich ein entspanntes Verhältnis zu ihrer Männlichkeit pflegen – sich so ausgiebig im Schritt kratzen.

Eingeschäumt, wie Sie sind, geleitet der *tellak* Sie nun vorsichtig zurück zu den Becken an der Wand. Während Sie sich die Seife abspülen, tut er dasselbe mit dem Nabelstein, nicht ohne sich den Spaß entgehen zu lassen, Sie zwischendurch mit einem Schwall kalten Wassers zu Tode zu erschrecken. Und dann waren Sie wahrscheinlich so unvorsichtig, auch eine Massage zu ordern. Also zurück auf den Nabelstein oder auf eine Liege in einem Extrazimmer.

Jetzt gibt es zwei Möglichkeiten: entweder Sie bekommen die Touri-Light-Version oder die echte Mördermassage. In ersterem Fall hat der *tellak* irgendwo das Wörtchen »Wellness« aufgeschnappt, hält es für den letzten Schrei, auf den alle Europäer stehen, und schmiert mit ein wenig Öl stolz auf Ihnen herum. Oder aber er ist ein Masseur alter Schule. Jener Schule, die nach dem gescheiterten Eroberungsversuch Wiens entwickelt worden sein muß, um die Schmach zu verarbeiten. Denn dann sind Sie nichts als ein Stück Wiener Schnitzel in den Händen eines alten Osmanen. Er wird Sie durchwalken, bis Ihr Fleisch mürbe ist. Er wird Sie dehnen, wie Sie noch nie gedehnt worden sind. Knochen werden knacken, von denen Ihr Orthopäde gar nicht wußte, daß sie existieren. Und dann, wenn Sie geplättet daliegen und darauf warten, in die Pfanne gehauen zu werden, wird er Sie in geschäftsmäßigem Ton fragen, ob Sie eine *ayı masajı*, eine Bärenmassage, wünschen. Raffen Sie sich auf! Nehmen Sie Ihre letzten Kräfte zusammen! Brüllen Sie! Neiiiiiiin!!! Denn sonst klettert der Meister auf Ihren Rücken und marschiert darauf herum. Und Wien wird doch noch erobert.

Aber welcher Massage Sie auch immer unterzogen werden: Niemals dürfen Sie den *tellak* belehren. Wünsche dürfen Sie gern äußern, aber sagen Sie ihm nie, was er nach Ihrer Ansicht oder der Meinung Ihrer Physiotherapeutin zufolge falsch macht. Und das gilt für die gesamte Hamamprozedur. Verstöße werden mit Schönheitsbehandlungen im Eiltempo bestraft.

Und das wäre doch schade, nicht wahr? Denn natürlich geht es Ihnen trotz all der Qual am Ende wie Helmuth von Moltke an jenem Novemberabend im Jahre 1835: »Wir streckten uns nun in der Eingangshalle so behaglich hin, wie wir es von den Türken gesehen. Man schlürft einen Scherbet, Kaffee oder die Pfeife und empfindet die Kälte nur als angenehme Erfrischung, so innerlich durchwärmt ist der Körper. Die Haut fühlt sich äußerst glatt und geschmeidig an, und es ist gar nicht zu beschreiben, wie erquickend und wohltätig ein solches Bad auf große Ermüdung wirkt.«

Übrigens ist auch ein Sommertag kein Hinderungsgrund für einen Hamambesuch, im Gegenteil, die Hitze draußen erscheint dann im Vergleich zu jener drinnen ebenfalls wie »eine angenehme Erfrischung«. Und das mit der länger anhaltenden Sommerbräune auf frisch geschrubbter Haut stimmt tatsächlich.

In neue, trockene *peştemals* gehüllt, sitzen also auch Sie schließlich im Vorraum zwischen bunt bestickten Kissen. Wahrscheinlich bekommen Sie Cola anstelle von *şerbet* (Limonade) und Tee statt Kaffee angeboten, und vielleicht gibt es auch keine Pfeife. Den traditionellen Hamam-Abschiedsgruß werden Sie trotzdem erfüllen können: »*Güle güle kirlen*«, »Werde lachend wieder schmutzig«. Ja, auch Sie werden lachen. Schon aus Erleichterung, überlebt zu haben.

8. Glaube ist gut, Aberglaube ist besser

Bismillahirrahmanirrahim – im Namen Gottes, des Barmherzigen, des Erbarmers.

Oder: auf die Plätze, fertig, los. Diese Formel steht nicht nur am Anfang fast jeder der 114 Suren des Koran. Mehr oder weniger gläubige Türken murmeln die Einleitungsformel *besmele* vor jeder Tat, die sie unter Gottes Segen gestellt wissen möchten: bevor sie aufstehen oder zu Bett gehen, den Bus für eine große Reise besteigen oder das Flugzeug an ihrem Ziel verlassen, einen Wettkampf antreten oder ein Essen in den Ofen schieben. Es steht am Anfang religiöser Bücher ebenso wie vor Heiratsanzeigen gottesfürchtiger Moslems, und hat sich ein Paar gefunden, läßt es sich mit einem »*Bismillahirrahmanirrahim!*« in die Kissen sinken, damit sich die eheliche Anstrengung auch lohnt und Nachwuchs bringt.

Angesichts der Terroranschläge islamistischer Fundamentalisten wird oft vergessen, daß den meisten Moslems, und ganz besonders den Durchschnittstürken, ihre Religion Alltag ist und nicht terroristischer Ausnahmefall. Daß sie von gefährlichen Wirrköpfen ebenso nur aus der Zeitung hören wie von dem haarsträubenden Unterrichtsstoff mancher Koranschulen. Daß viele türkische Moscheen, die selbst freitags nur von einem Drittel der Türken besucht werden, mit ähnlichen Problemen kämpfen wie deutsche Kirchen, die nur an Weihnachten genug Besucher finden. Daß Beruf und Fernsehen die Regeln des Miteinander bestimmen, und nicht mehr der Koran.

Die meisten Türken begleitet Gott ganz entspannt durch den Tag. In unzähligen Höflichkeitsformeln taucht er auf, ähnlich deutschen Ausdrücken wie »Grüß Gott« oder »Gott sei dank«, nur daß er noch viel präsenter und sozusagen durchaus persönlich gemeint ist, wenn es zum Beispiel »*Aman Allah!*«, »mein Gott!«, heißt. Zwar ist Allah niemals ein alter Mann mit Rauschebart, sondern gewissermaßen pantheistisch unfaßbar, aber dafür eben auch überall und in allem und durch alles. Der Islam unterscheidet nicht zwischen profanem und sakralem Lebensbereich. Nur zwischen Dies- und Jenseits, doch selbst wenn das Paradies naturgemäß in den schillerndsten Farben gemalt wird, ist doch auch das Hier und Jetzt Gottes Werk und soll gefälligst entsprechend gewürdigt werden. So muß der gläubige Moslem, wenn er gewissenhaft ist, zwar zahlreiche Vorschriften beachten und immerhin fünfmal am Tag beten, aber Gott und sein Prophet, der Kaufmann Mohammed, haben zum Beispiel durchaus Verständnis dafür, wenn gravierende Umstände wie seine Berufstätigkeit (Krankheit, Alter und Reise sowieso) einen Gläubigen vom Gebet abhalten. Und weil weltliche Freuden auch als gottgegeben gelten, ermuntert der Koran die Gläubigen nicht nur dazu, menschlichen Regungen ruhig nachzugeben und bewußt zu genießen (gutes Essen etwa), sondern begrüßt es zum Beispiel ausdrücklich, wenn Moslems für ihre Familien sorgen und materiellen Wohlstand anstreben. So ist am Freitag nur das Mittagsgebet von herausragender Bedeutung und verlangt konzentrierteste Hingabe, danach aber, schreibt die sogenannte Freitags-Sure vor, sollen die Gläubigen ihrer Wege gehen und danach streben, daß Gott ihnen Gunst erweise, indem sie für ihren Lebensunterhalt sorgen.

Einen »Ruhetag« sieht der Islam außerdem schon deshalb nicht vor, weil sein Gott natürlich keine Erschöpfung kennt und sich nicht nach nur sechs Tagen aufs Ohr legen muß. Es sind Passagen wie diese, die Moslems über die Bibel verwundert den Kopf schütteln lassen. Ganz zu schweigen von der unglaublichen Vorstellung, Gott habe einen Sohn. Jesus ist wie Mohammed nichts als ein verehrter Prophet, allerdings hat Mohammed als letzter der Propheten die neueste und damit gültige Version des Gotteswortes empfangen. Was ihn zwar zum Helden macht, aber keinesfalls zu mehr: Niemals, niemals nenne man Türken (oder andere Moslems) »Mohammedaner«.

Auch die Bibel wird im Islam als heiliges Buch verehrt, aber eben nur als die alte Version des Koran. Weshalb Christen gerne mit mitleidiger Arroganz betrachtet werden: Es sind eben Kinder, die, wenn sie einmal groß sind, die Albernheiten lassen und sich dem Koran und der Sunna zuwenden werden, dem wichtigen ergänzenden Regelwerk, das die Gewohnheiten und Rituale Mohammeds und seiner Gefährten beschreibt.

Wieviel Verständnis der Koran für sinnliche Gelüste hat, zeigt besonders schön die Stelle über den ehelichen Sex im Ramadan: »In der Nacht des Fastens ist es euch erlaubt, mit euren Frauen zu verkehren. Sie sind für euch – und ihr seid für sie – wie ein Gewand. Gott weiß sehr wohl, daß ihr euch selber zu betrügen pflegtet [solange der Umgang mit Frauen während der Fastenzeit auch bei Nacht als verboten galt]. Daher wandte er sich euch gnädig zu und verzieh euch. Nun also verkehrt mit ihnen und nehmt euch, was

Gott zu euren Gunsten verfügt hat, und eßt und trinkt, bis sich im Morgengrauen vor euren Augen ein weißer Faden von einem schwarzen unterscheidet.« Gott kennt seine Geschöpfe eben.

Man muß auch zum Beten (außer am Freitag) nicht unbedingt die Moschee besuchen. Ein sauberes Fleckchen genügt, weshalb viele Türken zu diesem Zweck einen kleinen Teppich auf dem Boden ausbreiten. Auch die rituelle Waschung ist nicht ohne Grund eine rituelle, die sich mit wenigen Handgriffen erledigen läßt. Allerdings besagt eine Überlieferung, daß das Beten in Gesellschaft 27mal besser sei als das einsame Gebet, weswegen so mancher auf Effektivität bedachte Türke nur jedes 27. Gebet absolvieren soll, das aber eben in der Moschee... Noch wertvoller ist die Feier anläßlich der Offenbarung des Koran, die traditionell in der 27. Nacht des Ramadan gefeiert wird: Laut des heiligen Buches ist diese »Nacht der Macht mehr als was in tausend Monden wird vollbracht« – da entsprechendes auch für die Gebete dieser Nacht gilt, nutzen viele Türken diese Gelegenheit ähnlich Christen, die einmal im Jahr an Weihnachten in die Kirche gehen.

Es ist auch keineswegs so, daß die türkische Lust an Spaß und Ironie vor der Religion halt machen würde. Davon zeugen schon die zahllosen Anekdoten rund um Nasreddin Hodscha, einen offenbar sehr beliebten Geistlichen, der im 13. Jahrhundert im mittelanatolischen Akşehir lehrte. Er wird gerne der türkische Eulenspiegel genannt, ähnelt aber vielmehr dem pfiffigen Rabbi der jüdischen Witze. Nasreddin Hodscha ist ein noch sehr gegenwärtiger Volksheld – so etwas wie Gottes persönliche Kasperlepuppe, durch deren Mund besonders gern auch jene bigotten Zeitgenossen auf den Arm genommen werden, die die Religion immer gerade so auslegen, wie sie ihnen am meisten nützt. Eine besonders beliebte Geschichte geht zum Beispiel so:

Eines Tages lieh sich Nasreddin Hodscha vom Nachbarn einen Kochtopf. Am nächsten Tag brachte er ihn zurück – zusammen mit einem kleineren Topf. Dem verwunderten Nachbarn erklärte er: »Sieh mal, der Topf hat über Nacht ein Kind bekommen!« – »Ach wie schön, mein weiser Hodscha«, freute sich der Nachbar und nahm beide Kessel dankbar entgegen. Kurze Zeit später lieh sich Nasreddin Hodscha den Topf erneut. Wieder brachte er am nächsten Tag zwei Töpfe, wieder freute sich der Nachbar. Als der Hodscha sich den Topf aber zum dritten Mal geliehen hatte, wartete der Nachbar vergeblich auf seine Rückgabe. Schließlich fragte er vorsichtig nach. »Es tut mir so leid«, antwortete Nasreddin Hodscha, »aber dein Topf ist gestorben!« Der Nachbar reagierte empört: »Aber mein Hodscha, wie kann denn ein Topf sterben!« – »Ach«, meinte daraufhin der Geistliche, »aber daß er Kinder zeugen kann, das hast du mir geglaubt?«

Nasreddin Hodscha ist nur ein Beispiel für die vielen vom Volk bewahrten Gegengewichte zu einem Islam orthodoxer Ausprägung; jenem Islam und seinen Interpreten, die nicht die Gebundenheit des Koran und der Sunna an ihre Zeit berücksichtigen wollen, sondern beides als starres Regelwerk betrachten, das es gedankenlos zu befolgen gilt. Atatürks Widerwille richtete sich gegen diese Art der Religionsausübung, vielleicht hat es aber auch gar nichts mit Atatürk zu tun, daß die Türkei das säkularste der islamischen Länder ist. Vielleicht liegt es vielmehr daran, daß die Türken einfach nicht dazu kommen, fünfmal am Tag zu beten. Weil sie viel zu beschäftigt damit sind, all die abergläubischen Alltagsrituale zu zelebrieren, die vor dem bösen Blick oder dem Teufel schützen, Geld oder einen Ehemann bringen, die Zukunft deuten oder den Busen vergrößern sollen. Ganz davon abgesehen, daß gläubige

Menschen irrationalen Erklärungsmustern naturgemäß aufgeschlossener zu sein pflegen als Rationalisten. Man muß zwar sehr jung und von pubertärer Verzweiflung erfüllt sein, um an die türkische Variante der plastischen Chirurgie zu glauben, wonach morgens für eine Weile über die Brüste gestülpte Schüsseln einen zu kleinen Busen zur gewünschten Größe heranwachsen lassen. Aber selbst die aufgeklärtesten Türken schneiden sich nur im äußersten Notfall und mit höchst mulmigen Gefühl nach Einbruch der Dunkelheit ihre Fingernägel. Das soll man nicht. Warum, weiß kein Mensch mehr genau, jeder aber kann sich ganz genau an die Furcht erinnern, die Mütter und Großmütter mit ihren Warnungen auszulösen vermochten. Warum kein Türke abends pfeift, ist allerdings völlig klar: Das lockt den Teufel an.

In einer so stark von mündlicher Überlieferung geprägten Kultur wie der türkischen ist das von den Müttern auf ihre Kinder, der Oma auf die Enkel weitergegebene Volkswissen erstaunlich lebendig geblieben, und auch wenn seine Präsenz angesichts immer weniger traditioneller Großfamilien abnimmt, so gibt es wohl kaum einen Türken, der sich nicht betont lässig und ein wenig widerwillig den Kaffeesatz lesen lassen würde, um die Vorhersage insgeheim mit einem *inşallah*, »so Gott will«, zu unterstützen.

Im türkischen Alltag gehen Glaube und Aberglaube ineinander über, und daß der Faible für letzteren mitunter einen bei aller Gottesfurcht entspannteren Umgang mit religiösen Geboten nach sich zieht, fürchten wohl auch die strenggläubigen Instanzen, die regelmäßig gegen den lästerlichen Hokuspokus vorgehen zu müssen meinen. Besonders verhaßt ist ihnen der beliebte Brauch, zu den Gräbern lokaler Heiliger zu pilgern und sie ehrerbietig mit allerlei Schleifen und Häkelbändchen und Stoffetzen zu schmücken, um so Teil zu haben an ihrer segensreichen

Kraft. Regelmäßig wird diese uralte Tradition als große Gotteslästerung gebrandmarkt. Vergeblich. Sicher, es gibt nur einen Gott, jaja, und Mohammed ist sein Prophet, so steht es im Koran – aber wer wird denn bei so viel Elend im Land etwas gegen Verstärkung einzuwenden haben? Außerdem würden sich Türken niemals die Möglichkeit entgehen lassen, ihren Glauben mit einem geselligen Ausflug und einem Picknick und bunter Handarbeit zu verbinden.

Offensichtlich nichts unternehmen die Behörden aber gegen die Schildkröten, die in Scharen über türkische Gräber kriechen und wegen ihrer aufeinanderklackernden Panzer in einer Lautstärke kopulieren, daß in der Türkei von Friedhofsruhe nicht die Rede sein kann. Und das, obwohl der Ruf der Schildkröte als Glücksbringer ausgerechnet auf die alten Griechen zurückgeht: Dort galt sie wegen ihrer besonnenen Zielstrebigkeit als weise Gotteshelferin und war eine beliebte Grabbeigabe.

Tiere spielen sonst keine große Rolle im türkischen Aberglauben, dazu haben die Türken ein viel zu pragmatisches Verhältnis zu ihnen. Sehr schön demonstrieren das die alten Männer in Istanbul, die mit ihren Hasen an den belebten Straßenecken der Großstadt auf Kunden warten. Gegen einen kleinen Betrag »zieht« das große, älteste Tier von einem Brett einen gefalteten Papierschnipsel, auf dem Prophezeiungen stehen, die in ihrer Weisheit dem Scharfsinn von Glückskeksen in nichts nachstehen (»Dein gutes Herz wird Dich einen Partner mit gutem Herzen finden lassen«). Aber eigentlich ist der bebürzelte Glücksbote ein Ladenhüter. Die jüngeren Hasen neben ihm stehen nämlich zum Verkauf – um im Kochtopf zu landen. Nur wer nicht rechtzeitig einen Abnehmer findet, muß ein elendes Dasein als Wahrsager an der nächsten Straßenecke fristen.

Das andere Tier, dem die vom Nomadentum geprägten

Türken ihre Zukunft anvertrauen, ist bekanntlich das Schaf. Zum wichtigsten türkischen Feiertag, dem vier Tage dauernden Opferfest am zehnten Tag des alljährlichen Pilgermonats, in dem die Wallfahrt nach Mekka auf dem Programm steht, wird das Tier geschlachtet. Ein Schaf ist die Regel, Angeber schlachten aber durchaus auch Rinder und Ochsen. Ein Drittel des Fleisches geht an Arme, ein Drittel an Freunde, erst das letzte Drittel darf die Familie selbst verspeisen. Früher griff das Familienoberhaupt selbst zum Messer, heute zahlt man meist einen entsprechenden Betrag an den Metzger, der das Fleisch dann verteilt. Symbolische Geldsummen an wohltätige Institutionen sind eine andere Möglichkeit.

Auch hier ist die Grenze zum Aberglauben fließend. Schafe müssen nicht nur zum Opferfest bluten, sondern sollen häufig bei Richtfesten das Haus schützen. Gerne werden sie auch zum Dank geopfert, etwa, wenn der mißratene jüngste Sohn einer wohlhabenden Familie mit Papas teurem Auto einen Unfall nach dem anderen baut und immer unverletzt bleibt.

Bekanntestes Zeichen des türkischen Aberglaubens aber ist die allgegenwärtige *nazar boncuğu*, die blaue Glasperle wider den bösen Blick. In allen möglichen Größen und Formen hängt sie an Haustüren, Rückspiegeln und Babyjäckchen und soll mittels des aufgemalten Auges begehrliche oder neidische Blicke abwehren. Angeblich ist sie blau, weil früher dem dunkeläugigen Anatolier eine bei seinen Mitmenschen äußerst selten vorkommende blaue (oder grüne) Iris angst machte und ein Talisman immer mit der selben Kraft »zurückstrahlen« muß. Geht doch der böse Blick zurück auf die Vorstellung des Sehens als Strahlen, wobei das Auge aber nur die Linse ist, die das Ziel ins Visier nimmt. Denn eigentlich kommt die dunkle Kraft natürlich aus einem neidischen Herzen, das ein neues Haus oder ein besonders niedliches Kind insgeheim verflucht, während der Mund es preist. Und so loben Türken nie ohne einen formelhaften Zusatz, der das schändliche Gefühl bannen soll: entweder mit einem »*nazar deymesin*« oder einem anerkennenden »*maşallah!*« Wird er vergessen, so müssen ihn die Angesprochen schnell selbst murmeln. So wird auch jedem Ausländer erleichtert Anerkennung gezollt, wenn er eine junge Mutter mit »Was für ein süßes Baby, *maşallah*!« beglückwünscht.

Nazar değmesin heißt »möge es vom bösen Blick (*nazar*) verschont bleiben«, während *maşallah* sich wörtlich mit »was Gott gewollt hat« übersetzten läßt und ein in allen Lebenslagen gebrauchter Ausruf der Freude und Anerkennung ist, der gleichzeitig an den Anteil des Allmächtigen am betreffenden Werk erinnert. Daß auch der islamische Gott Ironie versteht, beweisen beliebte Ausrufe wie »*maşallah*, seid ihr auch schon da!« als Begrüßung für Gäste, die sich stark verspätet haben.

Ein in arabischer Schrift kunstvoll kalligraphiertes *maşallah* auf kleinen Gold- oder Silberplättchen, meist Kindern an die Kleidung gesteckt, erfüllt den selben Zweck wie die blaue Perle, wird aber immer seltener. Überall anzutreffen sind dagegen größere Wandtafeln oder Poster mit arabischen Schriftzügen, mit denen Metzger, Friseure und besonders gern Barbiere (vor allem letztere wohl durchaus im Interesse der Kunden) Gottes Segen erbeten. Neben dem *maşallah* und der anfangs erwähnten *besmele* ist hier meist das sogenannte Ameisengebet aufgedruckt, ein paar gebetsartige Zeilen, deren Herkunft ungeklärt ist (im Koran stehen sie nicht), die sich aber beim Volk großer Beliebtheit erfreuen. Wer sie nach dem Morgengebet ein-, drei- oder gar siebenmal aufsagt, dem winken eine glückliche(re) Zukunft und sein täglich Brot in üppigen Mengen; wer sie an einem Freitag vormittag auf einen Zettel niederschreibt und im Haus oder Geschäft aufhängt, vermehrt Ertrag und Segen.

Bereket, was sowohl Ertrag als auch Segen bedeutet, spielt generell eine wichtige Rolle im türkischen Aberglauben. So wird der erste Kunde eines Ladens oft gebeten, sein Geld auf den Boden zu werfen, von wo der Inhaber es dann aufhebt – für ein Agrarland ein ganz einsichtiger Brauch: Der Boden bringt Segen, und so soll auch das Geld wie ein Samen aufgehen und sich mehren. Umgekehrt sollte man Handtaschen nicht auf dem Boden abstellen: Das Geld in der Tasche versickert sonst. »*Bereket versin!*«, »möge es Segen bringen«, ist ein höflicher Dank des Verkäufers an seinen Kunden beim Überreichen der Ware.

Von Glaube und Aberglaube geprägt ist auch das Verhältnis der Türken zur Zukunft. Die große Bedeutung des *kismet*, des von Gott bestimmten Schicksals im Islam, will Moslems keineswegs zur Untätigkeit erziehen, sondern ermöglicht ihnen einen viel gelasseneren Umgang mit Rückschlägen, als perfektionistische Europäer verkraften würden. Doch nicht nur Christen befürchteten jahrhundertelang wegen des gern geseufzten »*kismet!*« einen liederlichen Hang der Muselmanen zur Trägheit. Mit vielen Anekdoten rund um Nasreddin Hodscha versucht der Volksglaube, den Türken beizubringen, daß Gott zwar das Schicksal jedes einzelnen bestimmt, den Menschen aber durchaus Einflußmöglichkeiten gelassen hat, ja sie zur regen Anteilnahme am Leben geradezu verpflichtet. Und eine vielzitierte türkische Redewendung lautet: »Binde deinen Esel erst an einen soliden Pfosten, und dann überlasse ihn Gott!« Türkische Omas erzählen ihren Enkeln außerdem, daß einst allen Menschen ihr *kismet* auf die Stirn geschrieben stand – bis Gott es ihnen verärgert wegwischte, weil seine Schäfchen mit dem Blick in die Zukunft nicht umgehen konnten.

Neugierig aber sind sie natürlich geblieben. Was dem Europäer das Zeitungshoroskop, ist dem Türken allerdings der Kaffeesatz. Horoskope finden sich zwar immer häufiger auch in türkischen Zeitungen, aber der Geburtstag ist in der Türkei immer noch ein eigentlich viel zu nebensächliches Fest, als daß dem eigenen Sternzeichen allzuviel Bedeutung beigemessen werden würde. Zumal den Prophezeiungen der eigenen Oma natürlich viel stärker vertraut werden kann als irgendeinem Praktikanten in der Zeitungsredaktion...

Das Kaffeesatzlesen ist klaren Regeln unterworfen: Ist der türkische Mokka, der bekanntlich mit dem Satz serviert wird, ausgetrunken, deckt der Neugierige seine Tasse mit der Untertasse zu, hält beides zwischen Daumen und Zeigefinger und stellt die Tasse auf den Kopf. Die Richtung ist dabei durchaus von Bedeutung: Wer in die eigene Zukunft blicken will, schwingt die Tasse beim Umdrehen zu sich, wen das Schicksal eines anderen interessiert, dreht die Tasse von sich weg. Dann muß der Kaffeesatz abkühlen, manche versuchen den Prozeß zu beschleunigen, indem sie eine wärmeleitende Münze oder besser noch den eigenen Ring oben auf die Untertasse legen. Das läßt die Zeremonie auch gleich bedeutsamer erscheinen. Dann wird das Tellerchen abgenommen, und die Rinnsale an der Tassen-Innenseite können einer intensiven Prüfung unterzogen werden. Dabei muß unbedingt ein ernstes, konzentriertes Gesicht gemacht werden. Ein skeptischer Blick unterstützt die Glaubwürdigkeit, hat aber mit der Vorhersage nichts zu tun. Die ist nämlich, zumal meist Tanten oder Großmütter für ihre jüngere Verwandtschaft lesen, prinzipiell glückverheißend.

Die häufigsten Prophezeiungen betreffen zwei sehr türkische Sehnsüchte: Auslandsreisen, die mit sich verbreitenden Linien erklärt werden (deren ständiges Auftreten wahrscheinlich einen ganz einfachen physikalischen Grund hat), und Geld, auf das so ziemlich jedes an der Tassenwand angetrocknete Kaffeekörnchen zu verweisen scheint. Raffiniertere Omas und Tanten lassen zusätzlich ein dunkles Wölkchen am Horizont in Gestalt eines größeren Flecks am Tassenrand auftauchen, um überzeugender zu wirken. Das ist dann gern ein Neider im näheren Umfeld, auf den aufgepaßt werden soll. Neidisch ist der aber natürlich nur, weil wiederum das eigene Glück sich so strahlend offenbart. Denn ein Türke mit Gott und Großmutter, der hat im Leben doch nichts zu befürchten. *Maşallah!*

9. Im Land der wilden Antike

An einem schönen Julitag im Jahre 1959 fuhr ein junger Mann mit dem Jeep über eine schlechte Schotterstraße nach Geyre. Geyre liegt abseits der Hauptstraße Izmir–Denizli auf einer Hochebene in den Menteşe-Bergen Westanatoliens. Wunderschön ist die Landschaft, mit dem schneebedeckten Baba Dağ, dem »Vaterberg«, im Hintergrund und den alten Olivenbäumen und Bauernhöfen. Aber der Fahrer hat ein ganz bestimmtes Ziel vor Augen. Und als der Jeep sich Geyre nähert, kann er endlich die Säulen sehen. Sie gehören zu einem Tempel, der einst für die Liebesgöttin Aphrodite errichtet worden war. Da ist es um den jungen Mann geschehen.

Kenan Erim, frisch gebackener Archäologe an der Universität von New York, hat seine Lebensaufgabe gefunden. Vor 2000 Jahren hieß Geyre Aphrodisias und war nicht nur berühmt als Zentrum des Aphroditekultes. Geachtete Philosophen und Ärzte lebten hier, und die Künstler der Bildhauerschule wurden bis nach Rom geholt und betrieben einen regen Versandhandel mit ihren beliebten girlandengeschmückten Sarkophagen. Kenan Erim, in der Schweiz und den USA aufgewachsener Sohn eines türkischen Anwalts, wird diese goldene Vergangenheit des verschlafenen Geyre wieder ans Tageslicht holen. »Es beginnt eine neue Ära in meinem Leben«, notiert er am Abend in seinem Tagebuch. Und als er 1961 nach Aphrodisias zurückkehrt, bringt er Gelder der National Geographic Society mit. »Stellen Sie sich vor«, schreibt er 1967 im »National Geographic«, »Sie kommen in eine antike Stadt, so reich an archäologischen Schätzen, daß die erlesensten Skulpturen beim Graben aus den Wänden rutschen, von alten Mauern kippen und haufenweise in den Ruinen früherer Kolonnaden herumliegen.« Schnell sind über zweitausend Stücke ausgegraben, aber der Archäologe ist weiterhin so enthusiastisch, daß sogar Kollegen kritisch anmerken, er solle vor dem Weiterbuddeln doch bitte erst einmal das Gefundene inventarisieren.

Erim wird der Leiter der Ausgrabungen von Aphrodisias. Als man ihn in den Achtzigern fragt, warum er nie geheiratet habe, meint er nur: »Heiraten? Ich? Ich bin doch verheiratet. Wie soll ich eine bessere Frau finden als Aphrodite?« Und als er am 3. November 1990 stirbt, bekommt er mit einer Sondergenehmigung des türkischen Staates seine Ruhestätte direkt in Aphrodisias. Sein Grab liegt neben dem Tetrapylon, dem einstigen Tor zum Aphroditetempel. Experten vermuten übrigens, daß trotz Erims Eifer bis heute erst circa fünfzehn Prozent der Schätze von Aphrodisias geborgen wurden.

Kenan Erim wird von den türkischen Archäologen sehr verehrt. War es doch – ungeachtet seines Lebenslaufs – endlich einmal ein Türke, der sich nach all den Deutschen, Franzosen und Engländern um die türkischen Bodenschätze kümmerte und sie sich vor allem nicht gleich unter den Arm klemmte, um sie mit nach Hause zu nehmen.

Er scheint aber auch ein ziemlich sympathischer Archäologe gewesen zu sein. Nach den Ausgrabungen pflegte er sich bei Sonnenuntergang mit seinen Studenten zwischen die Säulen zu setzen und Kassetten mit klassischer Musik zu hören. Und wenn die Truppe einen besonders schönen Marmorkopf gefunden hatte, dann bekam dieser einen Ehrenplatz in der Mitte des gemeinsamen Abendbrottisches.

Wenn sogar ein ausgewiesener Fachmann diesen entspannten Umgang mit der Antike pflegte – wundert es da noch, wenn heute die Wochenzeitschrift »aktüel« in einer Reportage über den Unesco-Weltkulturerbe-Berg Nemrut es nicht versäumt, den passenden CD-Tip für den Gipfelsturm zu liefern? Man solle doch unbedingt Blurs »Out of Time« per Discman mit hoch zu den riesigen Götterköpfen aus Stein nehmen, der traurige Song bereite in dieser erhebenden Kulisse den lustvollsten Schmerz.

Mögen wir in Europa uns mit dicken Kunstreiseführern den Zeugnissen der Vergangenheit nähern, uns durch Kassenhäuschen, strenge Hinweistafeln und rote Seile in respektvoller Distanz halten lassen – in der Türkei sind wir im Land der wilden Antike. Gut, es gibt Ephesus mit elektronischen Schranken, Audioguides und Broschüren sogar in Blindenschrift. Aber Ephesus ist wie Troia nur eine von 20 000 prähistorischen Siedlungen auf dem Gebiet der heutigen Türkei. Ungefähr 25 000 vorislamische Bauten stehen in der Gegend herum, Archäologen sprechen von etwa 3000 antiken Städten – das soll man alles einzäunen und ordentlich beschriften?

Manchmal könnte man angesichts dieser Nachlässigkeit tatsächlich verzweifeln. Troia und Ephesus kennt inzwischen jeder Pauschaltourist, was aber ist mit dem ostanatolischen Çatalhöyük, wo man Reste einer der ältesten Städte der Welt fand? Was ist mit den Hethitern, die 2002 in Bonn und Berlin einen gigantischen Ausstellungserfolg feierten und Hunderttausende in die Museen lockten, vergleichsweise wenig aber in ihre Hauptstadt Hattuscha, 150 Kilometer östlich von Ankara? Zwei der Sieben Weltwunder – der Artemistempel von Ephesus und das Grab des Mausolos bei Bodrum – sind in der Türkei zu finden. Herodots Geburtsort ist das heutige Bodrum, König Kroisos erfand in Sardes das Münzgeld, in Pergamon band man Pergamentpapier zum Buch, Aristoteles lehrte mehrere Jahre in Assos, Thales stellte in Milet seinen berühmten Satz über rechtwinklige Dreiecke auf – alles Orte der heutigen Türkei. Die halbe griechische Mythologie spielt in Kleinasien, man könnte die Bibel mit der Missionsfahrt des Paulus ebenso wie Homers »Ilias« als Reiseführer benutzen, könnte den Spuren Alexander des Großen oder dem Kreuzzug Friedrich Barbarossas folgen – was aber fällt dem Durchschnittseuropäer zum Stichwort »Antike« ein? Griechenland. Ausgerechnet.

Noch nicht einmal die Konkurrenz zum Erzfeind scheint der Türkei Ansporn genug, mit Hilfe seiner Altertumsschätze vom Image als Billigreiseland wegzukommen. Im Gegenteil: Mitunter scheint es, als werde die Archäologie hemmungslos in das Schnäppchenkonzept integriert. Die gußeisenverliebte Schnickschnack-Restaurierung des sechshundert Jahre alten Kastells von Çeşme läßt die Fachleute erschauern, und Aspendos bei Antalya, eines der am besten erhaltenen antiken Theater der Welt, ist nur eine von zahllosen gern genutzten Bühnen für »Die schönsten Opernarien der Welt«.

Ja, manchmal möchte man klagen: Was ist die Türkei doch für ein dummes, dummes Land. Aber man bedenke: Die Archäologie ist eine luxuriöse Beschäftigung mit der Vergangenheit, die sich nur ein Staat leisten kann, der seine Gegenwart einigermaßen im Griff hat. Warum sollte sich ausgerechnet ein Schwellenland anders verhalten als wir Banausen, die wir doch auch erst dann in das weltberühmte Museum unseres Wohnortes zu gehen pflegen, wenn Gäste von auswärts zu Besuch sind, aber keine Woche verstreichen lassen, um das schicke neue Einkaufscenter der Stadt unter die Lupe zu nehmen?

Bis auf weiteres gilt: Devisen weisen in die Zukunft, kein Delphi. Noch überwiegt ein eher pragmatischer Umgang mit den Ruinen. Überall steht und liegt soviel davon herum, daß den Türken gar nichts anderes übrig blieb, als die Antike in ihren Alltag zu integrieren. Manchmal scheint es, als sei das ganze Land einer dieser sogenannten archäologischen Parks, zu denen das Gebiet rund um eine Fundstelle immer dann erklärt wird, wenn Ausgrabungen zu aufwendig werden oder zerstörerisch wirken würden und man sie erst einmal lieber weiter der Natur überläßt, die als archäologischer Park gewissen Schutz genießt.

Wer in den Sechzigern durch die Türkei reiste, konnte überall von antiken Säulen gestützte baufällige Vordächer sehen. An mitten auf dem Dorfplatz stehenden steinernen Sarkophagen saßen alte Männer und spielten Karten. Oder warum nicht Korn darauf dreschen, hat der Brocken doch die richtige Größe und nötige Solidität. Die häufig mit Reben und Dionysos-Porträts verzierten Exemplare gaben auch hervorragende Tröge ab, um Wein darin zu pressen. Als Kenan Erim in so einem Fall die Bauern einmal entsetzt davon abzuhalten versuchte, zeigten sie nur verständnislos auf die Verzierungen, die das steinerne Ungetüm doch ganz offensichtlich als Weintrog auswiesen. In dem Küstenstädtchen Fethiye steht ein rund 2500 Jahre alter lykischer Sarkophag mitten auf der Straße – schließlich ist er genauso schmucklos wie ein moderner Betonpoller, mit seinen vier Metern Höhe aber eine viel eindrucksvollere

Verkehrsberuhigungsmaßnahme. Und ein Stück abseits der Hauptstraße präsentiert sich ein weiteres, noch größeres Exemplar eingequetscht zwischen dem Rathaus und einem Taxistand, ungefähr so würdevoll wie ein Stromkasten. Wahrscheinlich muß der Stein zur Strafe, daß er irgendwelche modernen Baumaßnahmen blockiert, in der Ecke stehen.

Ob und zu welchem Zweck eine historische Stätte von den Türken für Freizeitvergnügungen genutzt wird, läßt sich übrigens gut an dem herumliegenden Müll ablesen. Jede Alters- und Einkommensstufe bevorzugt für den Ausflug nach Feierabend einen Platz – etwa ein antikes Theater – mit einer schönen Aussicht. Dort trifft man sich mit Freunden oder dem Ehepartner, plaudert und vertilgt kiloweise Sonnenblumenkerne. Pistazien sind teurer, deren herumliegende Schalen deuten also auf ein betuchteres Publikum hin. Bei der ostanatolischen Jugend sind insbesondere die zahlreichen georgischen Kirchenruinen ihrer Heimat sehr beliebt. Nach dem Fußballspiel draußen im ehemaligen Kirchhof läßt es sich drinnen trefflich in die Ecke pinkeln und abends die ein oder andere Dose Bier leeren. Denn das ist der Nachteil der Fülle an historischen Stätten: Da schlichtweg das Geld fehlt, sie alle zu schützen, geschweige denn zu erschließen, wird geritzt und gekritzelt, was das Zeug hält. Der ostanatolische Durchschnittsteenager kann gerade einmal eine Moschee als Gotteshaus erkennen, und seine von Geldsorgen geplagte Provinzverwaltung lebt ihm mit den überall sich selbst überlassenen christlichen Ruinen auch nicht gerade respektvolles Verhalten vor. So brechen die unzähligen »Erhan war hier« und »Ayşe liebt Ali« auf den Wandmalereien der kappadokischen Höhlenkirchen vielen Touristen das Herz. Wenn sie sich nicht gleich mitverewigen.

Doch in der Regel birgt das entspannte Verhältnis zwischen dem Land und seinen Schätzen dem Besucher Erlebnisse, die man gegen keine Bildungsreise tauschen möchte. Nicht nur, daß man bei Wanderungen immer wieder im Gebüsch auf die Reste eines kleinen Theaters stößt oder plötzlich durch uralte Siedlungen stolpert. Auch ist Einheimischen nicht immer klar, wo genau dieser verrückte Ausländer in der Mittagshitze denn nun eigentlich wieder hin will, schließlich gibt es doch überall diese riesigen Gesteinsbrocken, kaputten Säulen oder Löcher in der Wand, und so wird man kreuz und quer durch die Landschaft, Nachbars Garten oder den eigenen Hinterhof gelotst.

Wer also zum Beispiel selbst durch die Altstadt der Küstenstadt Fethiye hoch zu den berühmten lykischen Felsengräbern schlendern will, anstatt sich vom Reisebus oder einem Taxi direkt am Fuß der Stufen absetzen zu lassen, sollte seine Fragen unbedingt präzisieren. Die Felswand, die gewissermaßen die Rückwand Fethiyes bildet, ist groß, und wer sich nicht ausdrücklich nach dem berühmtesten, dem imposanten Grab des Amyntas erkundigt, dem wird zwar freundlich der Weg durch die engen Gassen vorbei an Hinterhöfen mit blökenden Ziegen und erstaunten Omas gewiesen. Es kann aber passieren, daß er schließlich über ein Garagendach klettern muß und auf einem kleinen Felsvorsprung mit noch kleinerer Grabkammer landet, die bestenfalls den Schoßhund von Amyntas' Cousine dritten Grades beherbergt haben kann. Und in der uralten unterirdischen Stadt Derinkuyu in Kappadokien sollen vor vielen Jahren einige der zahllosen verwinkelten Gänge gesperrt worden sein, weil immer wieder verirrte Touristen aus den Kellern der oberirdischen Stadt Derinkuyu stolperten und die in der Küche arglos vor sich hin werkelnde Oma zu Tode erschreckten. Das schöne an der wilden Antike ist eben, daß man sich noch so richtig als Entdecker fühlen darf.

Und diese Fotomotive! Wäscheleine an Seldschukenburg, getrocknete Paprika auf osmanischer Stadtmauer, Schaf in georgischer Kirchenruine. Kuh neben Säule, Kuh auf Säule, Kuh mit Kopf in Sarkophag. Sollen doch die Griechenlandtouristen ihre Ich-und-hundert-Japaner-Fotos aus Delphi mitbringen – die Türkei hat Didyma. Um 300 vor Christus wurde dort ein Apollontempel errichtet, der dem Orakel von Delphi ernste Konkurrenz machen sollte. 120 riesige Säulen ragten vom mächtigen Fundament in die Höhe, Könige und Pharaonen ließen sich hier beraten. Heute liegt Didyma zwischen den Touristenorten Kuşadası im Norden und Bodrum im Süden und ist trotzdem fast ein Geheimtip. Weitgehend ungestört kann man zwischen den noch stehenden beziehungsweise wiederaufgerichteten Säulen und den gut erhaltenen Mauern umherschlendern und sich sehr sehr klein und unbedeutend fühlen. Am schönsten aber ist Didyma außerhalb der Öffnungszeiten. Die Tempelreste liegen zusammen mit ein paar wenigen Häusern an einer Durchgangsstraße, wer tagsüber kurz hält, tut es meist auf dem Weg zum nahen, so beliebten wie häßlichen Strand von Altınkum. Aber direkt an der Tempelanlage liegt eine Pension – und wo sonst sieht man beim Aufwachen ein zweitausend Jahre altes Heiligtum durchs Fenster, frühstückt man auf einer Terrasse mit Blick auf den Ort, wo einst Zeus mit Leto die Zwillinge Artemis und Apollon zeugte? Und spätabends, wenn die Handvoll Besucher, die nicht für eine halbe Stunde aus dem Bus gespuckt wurde, bei Fisch und Wein im Restaurant auf der anderen Straßenseite sitzt, gehört der rosa beleuchtete Tempel den Ziegen. Die eine säubert die umherliegenden Steinquader vom Unkraut, eine andere schubbert sich an einem Säulenstumpf. Was ist dagegen schon eine Führung mit den Massen durch Ephesus, was die mehrsprachigen Informationstafeln in Troia? Das domestizierte Altertum mag Auskünfte bereithalten, die wilde Antike hat Atmosphäre.

Doch die Zeiten ändern sich, wenn auch langsam. Nicht zuletzt im Zuge des Touristenbooms erkannten die türkischen Gemeinden, daß eine Ausgrabungsstätte nicht nur Arbeit und Ärger macht, sondern auch Werbung für die Region bedeutet und durchaus eine Alternative zu Industrieansiedlungen oder Hotelkomplexen sein kann. Jetzt helfen die Behörden ihren alten Feinden, den Archäologen, sogar bei der Sponsorensuche. Nach wie vor sind die Ausgrabungsstätten aber fest in europäischer, amerikanischer oder japanischer Hand – schließlich waren es die Wissenschaftler ausländischer Universitäten, die zuerst mit den Arbeiten anfingen. Seit gerade einmal fünf Jahren gibt es zum Beispiel Restauration als Fach an den türkischen Universitäten. Das Problem aber: Die guten Restaurateure gehen ins Ausland, weil sie dort das zehn- bis zwanzigfache verdienen, und restaurieren lieber italienische Kirchen.

Entsprechend katastrophal ist der Standard im Land. Unermüdlich weisen Experten in Zeitungsartikeln darauf hin, daß die Karawane nicht einfach ein paar Steine ausgraben und dann weiterziehen könne, oder sie müssen daran erinnern, daß auch für die C14-Kohlenstoffanalyse zur Altersbestimmung der Fundstücke Gelder bereitgestellt werden müßten – immerhin rund 5000 Dollar pro Untersuchung.

Seit sich aber das türkische Ministerium für Tourismus und Kultur stärker der Archäologie angenommen hat, fangen auch türkische Firmen an, sich dafür zu interessieren – untrügliches Zeichen für einen Imagegewinn der lange Zeit wenig attraktiv scheinenden Buddelei. Und so hängen in orientalischer Unbescheidenheit immer häufiger riesige Transparente türkischer Handyunternehmen und Netzprovider quer über Theaterrängen, oder ist der Firmenname mit weißer Farbe in großen Buchstaben auf den Hügel gemalt. Dabei dürfte das Archäologiesponsoring ein im Vergleich zu sonstigen Marketingmaßnahmen vergleichsweise preiswertes Vergnügen sein. Zwar gaben sich gerade die engagierten türkischen Banken bei einer Umfrage bedeckt, was die bereitgestellten Summen angeht, aber die 40000 Euro, die die vierzehn österreichischen Firmen laut der Boulevardzeitung »*Hürriyet*« jährlich in Ephesus stecken, geben immerhin eine Ahnung davon, um was für Beträge es sich handelt. Junge türkische Archäologen, die bei einer Neuentdeckung schnell eine Genehmigung des Kultusministeriums einholen, für erste Untersuchungen dann im eigenen Wagen losfahren und, wenn sie Glück haben, bei einem kunstliebenden Pensionsbesitzer vor Ort kostenlos übernachten dürfen, betonen übrigens, wie nützlich auch geringe Beträge sind, um wenigstens das Mittagessen nicht aus eigener Tasche bezahlen zu müssen.

Eine Professionalisierung würde vielen Seiten nutzen. Denn die eigenwillige türkische Geschichtsschreibung macht auch vor der Antike nicht halt und scheint manchmal eher für die Touristikbroschüren konstruiert worden zu sein denn für die Fachwelt. Der unbedingte Wille zu einem Eintritt in die Europäische Union ist daran wohl nicht ganz unschuldig. Da gibt es zum Beispiel den Rummel um Troia. Seit Jahrhunderten erregt der Krieg, den Homer in seiner »Ilias« schildert und der gemeinhin im 13. Jahrhundert vor Christus angesiedelt wird, geschichtsbewußte Gemüter. Schon die Arbeiten des fanatischen Hobbyarchäologen Heinrich Schliemann, der von 1871 bis zu seinem Tod 1890 grub, stahl und log, was die Schaufel hergab, lieferten Unmengen an zu widerlegendem Forschungsmaterial; längst wird bezweifelt, ob es überhaupt einen Homer, eine

Stadt namens Troia und einen Krieg um eine Stadt namens Troia tatsächlich gegeben hat. Ein ganz neuer Troianischer Krieg aber entbrannte, als 2001 die Wanderausstellung »Troia – Traum und Wirklichkeit« auf Deutschlandreise ging. Denn seit 1988 wird auf dem Hügel Hısarlık am Ägäischen Meer wieder gegraben, und unter der Leitung des Tübinger Archäologen Manfred Korfmann jede der inzwischen neun Siedlungsschichten der komplizierten Ruine Troia genau unter die Lupe genommen. Laut Korfmann belegen seine Funde, daß Troia im 13. Jahrhundert vor Christus tatsächlich ein bedeutendes und umkämpftes Handelszentrum war. Seine Widersacher hingegen, angeführt von Frank Kolb, Althistoriker ebenfalls an der Tübinger Universität, sind der Meinung, damals sei Troia nur eines von vielen drittklassigen Dörfern Kleinasiens und keinesfalls einen Krieg wert gewesen. Während türkische Archäologen Nachsicht mit Korfmann haben und ihn einen von Troia Besessenen nennen, der so verrückt sei, wie man vor Liebe nun einmal werden könne, polemisiert Kolb heftig gegen die innige Freundschaft zwischen den türkischen Lokalpolitikern und seinem Kollegen und meinte in einem Zeitungsartikel höhnisch, es sei nur noch eine Frage der Zeit, bis Homer in Ömer umgetauft werde.

Der im Ausland erbittert geführte Streit ist Beispiel für eine immer wieder kehrende Auseinandersetzung um politisch motivierte Geschichtsinterpretation in der Türkei. Da gibt es die eine Gruppe, die am liebsten eine direkte verwandtschaftliche Linie von den Hethitern zu Atatürk ziehen würde. Türkische Politiker pflegen bei Ausstellungseröffnungen dann darauf hinzuweisen, daß man ja schon die Hethiter das »Volk der tausend Götter« genannt habe, und die laizistische Türkei dem in religiöser Toleranz in nichts nachstehe.

Gerne wird auch im Zusammenhang mit dem EU-Beitritt erwähnt, daß auf heute türkischem Gebiet alle drei monotheistischen Religionen entstanden seien. Und die uralte anatolische Naturreligion mit einer alles nährenden Mutter Erde lebe zum Beispiel weiter im Artemiskult und habe sich bis heute in der katholischen Verehrung der Muttergottes erhalten. Manchmal werden auch Adam und Eva Anatolier genannt, da Euphrat und Tigris in Ostanatolien entspringen und das Alte Testament die Quelle beider Flüsse im Paradies lokalisiert.

Die andere Gruppe kennt zwar auch die historischen Fakten, sie widerspricht allerdings vehement einer direkten Traditionslinie. Ihre eifrigsten Vertreter im Ausland entwerfen das Bild säbelrasselnder Anatolier, die auf ihren plumpen Pferden jegliche Zivilisation in Schutt und Asche getrampelt hätten. Doch auch kritische türkische Historiker erinnern daran, daß angesichts des Untergangs beziehungsweise der Abwanderung der Vorgängerkulturen von einer Kontinuität nicht gesprochen werden könne und insbesondere eine wie in Europa vom Humanismus ausgehende Entwicklung fehle.

Die Wahrheit liegt vermutlich irgendwo dazwischen; ohne Frage aber hilft der Hinweis auf die EU-Mitgliedschaft ungemein, die Bevölkerung davon zu überzeugen, daß antikes Gestein einen besonderen Schutz verdiene, und den Bauern schonend beizubringen, daß das Felsengrab jetzt nicht mehr ihren Ziegen, sondern dem Staat gehöre. Seit Anfang der neunziger Jahre werden türkische Archäologen in die Grundschulen geschickt, um schon bei den Kindern einen Sinn für das alte Erbe zu wecken. Mit ein paar Abenteuergeschichten und einer Handvoll alter Münzen, die im Schulgarten wieder ausgebuddelt werden dürfen, ist schon so mancher Dorfbewohner auf umfangreichere Grabungen vorbereitet worden.

Wenn eine Region wegen antiker Fundstücke zum

Schutzgebiet erklärt wird, läuft immer dasselbe Spiel ab. Erst sind die Einheimischen entsetzt, wissen sie doch, was das bedeutet: Für jeden Spatenstich muß eine aufwendige und vor allem teure Genehmigung eingeholt werden – eine Katastrophe für die türkische Großfamilie, die bei Zuwachs einfach ein neues Zimmer an ihr Haus anzubauen pflegt. Mit der Zeit aber merkt man im Ort, daß mit den alten Steinen frisches Blut in die Gegend kommt: erst die Archäologen, die nicht nur Essen und Trinken und Übernachtungsmöglichkeiten, sondern auch ziemlich viele Arbeitskräfte brauchen. Und irgendwann vielleicht die Touristen, die gleich gruppenweise durch den heißen Staub geschleust werden.

Aber auch die Staatsdiener haben dazugelernt. Denn noch heute stehen in den Gärten so mancher Bauern antike Säulen. Wenn die Museumsleute sie holen kommen wollen, können es die Hausbesitzer gar nicht fassen: »Aber die Säule stand doch schon bei meinem Opa im Garten! Wenn ihr sie uns wegnehmt, ist es, als stehlt ihr uns ein Kind!« Und die Experten, über die Jahre hinweg um einiges klüger und sensibler geworden im Umgang mit dem vermeintlich dummen Bauernvolk, lassen ihnen den wertvollen Gartenschmuck, inventarisieren ihn und schauen nur gelegentlich vorbei: »Hauptsache, wir wissen, wo's steht.«

Geradezu freundschaftlich ist oft das Verhältnis zwischen den Archäologen und einheimischen Ausgräbern, die oft mehr über eine Ausgrabungsstätte wissen als die mitunter nur saisonweise arbeitenden Akademiker. Schließlich leben ihre Familien seit Generationen am Ort. Und wen im Leben nicht viel mehr ablenkt als gelegentlich eine schwangere Kuh oder eine tote Ziege im Dorf, dessen Gedächtnis hat viel Platz für Altertumsforschung. Sagen die Archäologen der türkischen Museen durchaus mit Bewunderung und nutzen ihre regelmäßigen Besuche nicht nur zum Gedankenaustausch mit den ausländischen Experten vor Ort.

In Milet zum Beispiel gräbt Ali. Milet war im sechsten Jahrhundert vor Christus die wichtigste Hafen- und damit Handelsstadt Kleinasiens, das Zentrum der hellenistischen Kolonialisierung der Region. Hier entstand die revolutionäre Schule der Vorsokratiker, hier lebten außer Thales auch sein Schüler Anaximander, dem wir die ersten theoretischen Grundlagen einer Weltkarte verdanken, und der Städteplaner Hippodamus, der für die Verbreitung des Rasters als Grundmuster der idealen Stadt sorgte. Ali ist über sechzig, hat eine sonnengegerbte braune Lederhaut, trägt den traditionellen flachen Turban älterer Dorftürken aus Tüchern in leuchtendem Orange und hat die verschmitzten Augen eines Mannes, der sich Herr der Lage weiß. Ali gräbt seit fast fünfzig Jahren, schon sein Vater und Großvater haben hier gearbeitet. Mit einem Blick kann Ali antike Stücke von wertlosen Steinen unterscheiden, sagt er. »Ich seh' der kleinsten Scherbe an, aus welchem Zeitalter sie stammt!« Dann berate er sich mit den Archäologen, und meistens habe er recht. Ali kennt die ursprüngliche Funktion jeder Mauer in Milet, und nachts träumt er manchmal vom früheren Leben hier: »Am nächsten Morgen kann ich mir dann ganz genau vorstellen, wie das Gebäude mal aussah. Das hilft beim Weitergraben!« Die Arbeit interessiere ihn eben. Ali hat in Büchern nachgeschlagen, und jedes Fundstück vergleicht er blitzschnell mit den Fotos in den Ausgrabungsunterlagen. Die er natürlich längst auswendig kennt. Ali hat fast dreitausend Jahre Milet im Kopf.

Wandelnde Lexika sind oft auch die Alten unter den *bekçis*, den Wächtern, die jede einigermaßen erschlossene Stätte zugeteilt bekommen und die häufig in jungen Jahren bei den Ausgrabungen dabei waren. Ramazan Demir zum Beispiel, der auf die vielen Terrassen der Bergstadt Arykanda bei Antalya aufpaßt, ist eine Institution unter den Angestellten der staatlichen Museen und hat es wegen seiner Führungen in charmantem Deutsch, die jeder neugierige Besucher bekommt, auch in manchen Reiseführer gebracht.

Doch so innig ist das Verhältnis zwischen Experten und Einheimischen natürlich nicht immer. Denn auf den ersten Blick ist das klassische Tourismusgeschäft einfach die erfolgversprechendere und vor allem einfachere Einkommensquelle. Als eine Region im Hinterland von Çesme zum Naturschutzgebiet erklärt wurde (oft erste, schnelle Maßnahme, wenn lohnende Ausgrabungen vermutet werden), war es das Tagesgespräch in den lokalen Männercafés. Es gibt da nämlich einen Istanbuler, der einen Weinberg in fraglichem Gelände aufgebaut hat. Wer von den türkischen und ausländischen Touristen den riesigen weinroten Hinweisschildern folgt, ist entzückt und nimmt gern ein paar Flaschen des durchaus akzeptablen Weines mit. »Da kommt endlich mal einer, der uns ein bißchen bekannt macht und der Devisen ins Land bringt«, schimpften die alten Männer im Café, »und dann machen die ihm solche Schwierigkeiten! Ein Naturschutzgebiet! Wir sind hier alle mindestens achtzig Jahre alt, aber hier steht kein Baum, den wir seit unserer Jugend kennen!«

Auch Ephesus ist ein gutes Beispiel für das mitunter recht angespannte Verhältnis zwischen Anwohnern und Autoritäten. Ephesus hat mit wilder Antike natürlich längst nichts mehr zu tun. Hier ist genau geregelt, wer wo was verkaufen darf und wieviel verlangt wird. Der Eintrittspreis ist etwa dreimal so hoch wie andernorts und wird ständig weiter europäischen Maßstäben angepaßt. Gemessen an dem Gebotenen sind die rund zehn Euro nicht viel, aber bei den Händlern vor Ort löst der hohe Eintrittspreis folgende Überlegungen aus: »Ogottogott, jetzt sind die

Touristen wieder geschockt und kaufen keine Postkarten / Broschüren / Cola / Aschenbecher im Sarkophagdesign mehr bei mir. Nur die Stadt sackt mit dem Eintritt das ganze Geld wieder alleine ein. Deswegen kommen auch immer weniger. Von wegen Weltwirtschaftskrise, Landrat Mehmet ist schuld an unserer ganzen Misere.«

Konfliktstoff sind auch die Baugesetze, denen Städte wie Selçuk unterliegen. Der Ort ist Ausgangspunkt für den Ephesus-Tourismus und steht selbst auf historischem Grund. Nicht nur die Reste des Weltwundertempels der Artemis und die Basilika des Heiligen Johannes liegen hier. Immer wieder kommt es vor, daß ahnungslose Grundstücksbesitzer bei Baubeginn auf altes Gemäuer stoßen. »Bei zwei Nachbarn wurden antike Gräber entdeckt. Die mußten sofort den Spaten fallen lassen«, sagt ein empörter Restaurantbesitzer, »seitdem liegt das Gelände brach. Aber das Geld haben sie auch nicht wiederbekommen.« Er selbst habe so seine Erfahrungen mit der »Antikenpolizei«: Wie so mancher Unternehmer hat auch er den Dekorationskitsch, mit dem er sein Lokal verschönert hat, schnell einer Spezialbehandlung unterzogen. Da werden dann zum Beispiel die beliebten weißen Säulen aus dem Gartencenter, die zwischen den Tischen stehen, an einem Nachmittag schnell mit Ruß und grauer Farbe und Hammer und Meißel auf alt getrimmt, und die gerade erst freigelegte Holzdecke wird schön zerkratzt. Denn dann kann man den Kontrolleuren bei den neuerdings so strengen Prüfungen sagen, daß man das alles beim Kauf des Ladens von seinem Vorgänger übernommen habe, man selbst befolge natürlich streng die Auflagen, wonach Gebäude, die an sogenannte »historische Stätten ersten Ranges« grenzen, nicht derart verhunzt werden dürfen. »Wenn die Stadt ihre Spielchen spielt, dann spielen wir eben mit!« Eine Unverschämtheit sei das, da ziehe man »Tausende von Touristen« an, schaffe

Arbeitsplätze und bringe Geld in den Ort, und dann werde wegen einer Gipssäule mit einer Anklage gedroht. »Dann sollen die aber die ganze Stadt abreißen! Eine laute breite Straße mitten durch den Ort ziehen, das geht plötzlich wieder!« Mag sein, daß die Kaufleute in ihrem Eifer das ein oder andere Detail der Geschichte zu ihren Gunsten vergessen und nicht immer das nötige Verständnis für die Empfindlichkeiten historischen Baugrunds aufbringen. Aber ob sich die Episoden tatsächlich immer so zugetragen haben, ist im Grunde nebensächlich – in dieser Form kursieren die Geschichten unter den geplagten Einheimischen, und so entsteht der Frust.

Dieser Frust unterstützt auch den unschönen Nebeneffekt der zunehmenden Sensibilisierung für die antiken Schätze: So manchem Anwohner scheint die Summe, die er von professionellen Banden für sein Fundstück gezahlt bekommt, verlockender als die kleine Belohnung des nächstgelegenen Museums. Dann gelangt die Ware meist über die nachlässig kontrollierte Grenze nach Bulgarien und von dort per Luftpost zum Kunstliebhaber. Immer mal wieder muß auch ein Wärter ausgetauscht werden, weil er dem »Trinkgeld«, das irgendwelche Hobbyarchäologen fürs Wegsehen gezahlt haben, nicht widerstehen konnte.

Andererseits bekommen die staatlichen Stellen auch immer mehr Unterstützung beim Kampf gegen Schmuggler. Viele Jahre lang betrachtete der gepflegte türkische Kulturreisende aus der Großstadt amüsiert die Minibusse in der Nähe von antiken Stätten: wie natur- und kunstverbunden diese europäischen Hippies doch seien! Mittlerweile aber hat sich herumgesprochen, daß nicht unbedingt die Naturverbundenheit, sondern ein Nebenverdienst dahintersteckt. Und in Zeiten des allgegenwärtigen Handys wird dann lieber einmal zuviel zum Telephon gegriffen, um verdächtige Camper zu melden.

Regelmäßig tauchen in der deutschsprachigen Presse bekanntlich auch Horrormeldungen von am Flughafen festgenommenen Urlaubern auf, weil sich im Gepäck ein verdächtiges Stück Stein befand. Die Empörung mag berechtigt sein, denn die Zerknirschung der Türkei angesichts der vielen Kostbarkeiten, die fern der Heimat in Berliner oder Londoner Museen stehen, ist groß. Und was die Behörden einmal anpacken, das machen sie richtig. Gerade türkische Flughafenbeamte nehmen die Macht ihrer Uniform sehr, sehr ernst. Andererseits: Die Türkei weiß durchaus, daß eine Titelstory in der »Bild« über die Festnahme verschreckter Urlauber nicht unter Tourismuswerbung fällt. Nur sind die Polizeibeamten leider keine Experten, sondern Aufpasser. Und die Schilder, die seit einiger Zeit schon bei der Einreise auf den Flughäfen mehrsprachig darauf hinweisen, daß nicht einmal die kleinste Scherbe bei dem geringsten Verdacht auf historischen Wert ausgeführt werden darf, sind in ihren riesigen Ausmaßen eigentlich nur mit ebenso großer Anstrengung zu übersehen.

Bei den Lykiern übrigens wurden Gräber von einem Komitee von Verwandten geschützt, und oft enden Grabinschriften mit der Androhung von Geldstrafen und einem Fluch. Daran denke, wer sich auf dem alten Stein verewigen oder ein Steinchen mitnehmen will.

10. Zum Heulen schön oder Die Türken und ihre Liebe zur Musik

Es gibt einen Mann, der in der Türkei nach Atatürk der bekannteste Mensch sein dürfte, den aber im Gegensatz zu diesem außerhalb der Türkei niemand kennt. Einen Mann, dessen Tod 1996 das staatliche Fernsehen per Infoband im laufenden Programm kundtat, bevor es eine Sendung mit dem Titel »Die Sonne ist untergegangen« ausstrahlte. Einen Mann, mit dessen Hilfe sich alles sagen läßt, was über die Liebe der Türken zur Musik gesagt werden muß: Zeki Müren. »Zeki Pascha« nannten sie ihn. Pascha, wie Atatürk.

Was die Berühmtheit angeht, die Begeisterung und die Ekstase, die der Schlagersänger Zeki Müren bei den Türken auslöste, so kann man sagen: Zeki Müren war der türkische Elvis. Vielleicht wurde der Pascha im Alter auch deshalb genauso fett wie der King. Aber Zeki brachte seine Fans nicht zum Rocken, sondern zum Heulen. Einem glückseligen Heulen. Wenn Zeki Müren mit seinen treuen Augen und der gepflegten dunkelblonden Föhnfrisur Interviews gab, dann klang das, als spräche Mutter Theresa aus Peter Alexander, und wenn er sang, dann lastete der Schmerz der ganzen Welt auf seinem Herzen. Er war angezogen wie Abba im LSD-Rausch, aber jede Schwiegermutter träumte von ihm. Dieser Stimme verziehen die Türken alles, sogar sein Schwulsein. Würde man Siegfried und Roy mit Liberace und einer Drag Queen kreuzen, dann käme Zeki Müren dabei heraus, aber über sein Liebesleben wurde wegen Zekis »Wunsch nach Diskretion in Privatdingen« vornehm geschwiegen. Statt dessen erklärte man sein »kreatives« Auftreten ehrfurchtsvoll mit seiner Ausbildung (ein Fachmann!) an der Universität (ein Genie!) der schönen Künste (ein Ästhet!) oder wertete es als Zugeständnis an das harte Showbiz. Das verlange eben, wie der große Zeki von Anfang an erkannt habe, unbedingte Unverwechselbarkeit. Bis heute erklären besonders seine älteren Fans zum Schutze ihres Seelenheils, seine – pssst! – »Homosexualität« sei nichts als ein von seinen Feinden in die Welt gesetztes Gerücht. Was schon allein deshalb nicht stimmen kann, weil Zeki einfach keine Feinde hatte.

Am 24. September 1996 starb er 62jährig im Studio während einer Fernsehaufzeichnung. Die Dokumentation über sein Leben sollte »Die Sonne, die nie untergeht« heißen. In seiner Heimatstadt Bursa bekam er ein wahres Staatsbegräbnis, und sein Haus im Küstenpartyort Bodrum, nur wenige Schritte von der berühmten Diskothek »Halikarnas« entfernt, wurde in ein Museum umgewandelt. Niemand, der in Bodrum Urlaub macht, sollte sich dieses pastellfarbene Puppenhaus entgehen lassen, mit den goldenen Flipflops neben dem rosa Messingbett, den unangetasteten Parfümflakons auf dem Nachttisch (Kouros von YSL und Héritage von Guerlain), Schmuck wie aus dem Topkapı Palast gestohlen und Vitrinen voller paillettenbesetzter Schlaghosen, dschungelbunter Chiffonblusen und silberfarbener Overknee-Stiefel. Betreten darf man den Ort nur mit Plastiktüten über den Schuhen. Und Fatma Balıkcı, die in seinen letzten zwölf Jahren Zeki Mürens Haushälterin war, paßt auf, daß man die abstrakten Werke des Tränenreichen, der sein Herz gern auch auf dem Pinsel trug und Bilder mit dem Titel »Brennende Sehnsucht« oder »Ich weine jeden Morgen« malte, nicht anfaßt. Fatma Balıkcı ist die Diskretion in Person, sie verrät in freundlicher Untertreibung nur, daß Zeki Müren privat genauso »gesprächig« gewesen sei wie in seinem letzten großen Fernsehinterview. Der Museumsfernseher zeigt es in einer Endlosschleife, ein von Menschenliebe und Güte überquellender Monolog, gegen den die Osteransprache des Papstes zur unflätigen Schimpftirade gerät. Daß er sein schillerndes Bühnen-Ich durch biederste moralische Wertvorstellungen und vornehmstes Gebaren auszugleichen vermochte, war vielleicht sein Erfolgsrezept.

Und so ist Zeki Müren wohl tatsächlich der für immer unerreichte Pascha der sogenannten *sanat müziği*, was wörtlich »Kunstmusik« bedeutet und den Unterschied zur gewachsenen Volksmusik markiert. Am besten übersetzt man den Begriff mit »Schlager«. Die *sanat müziği* gilt in der Türkei als der Schlager für Anspruchsvolle und ist ein Produkt der fünfziger Jahre. Sie geht auf die Kompositionen an den osmanischen Höfen zurück und liebt ein üppiges Orchester mit verzweifelten Streichern, das mittlerweile allerdings nur dazu da ist, dem Klagen des Sängers über seine sehnsüchtige Liebe und grenzenlose Einsamkeit den nötigen Nachdruck zu verleihen.

Entsprechend ihrer Künstlichkeit und Inbrunst erfordert die *sanat müziği* von ihren Stars die Qualitäten einer Operndiva, wobei es den Glamourfaktor nur erhöht, wenn die Diva früher einmal ein Diverich war. Noch konsequenter als Zeki Müren, nämlich mit Hilfe einer Operation, ging diesen Weg der noch lebende Star Bülent Ersoy, der sich 1980 von einem Roy-Black- in ein Elizabeth-Taylor-Double verwandelte. Geblieben sind der Vorname und die mindestens ebenso männliche tiefe Stimme. Aus Prinzip: Bülent Ersoy ist fast so populär wie Zeki Müren, anders als dieser aber hat Bülent Ersoy wegen ihrer Geschlechtsumwandlung und weil sie ihr exzentrisches Outfit keineswegs nur als Bühnenkostümierung erklärt wissen will, immer wieder Ärger mit den türkischen Behörden und lebte aus Empörung jahrelang im Ausland, darunter Berlin. Als sie aber 1989 von einem Mitglied der ultranationalistischen Grauen Wölfe auf offener Bühne angeschossen wurde, ging dessen Familie an die Presse: Man liebe Bülents Musik, verurteile das Attentat und habe den Sohn verstoßen. Inzwischen beschäftigen sich die Medien regelmäßig wegen ihrer ganz und gar nicht manierlichen Wortwahl als Talkshowmoderatorin mit Bülent Ersoy, und weil sie so befremdliche Dinge tut wie aus Aberglaube dienstags prinzipiell das Haus nicht zu verlassen oder aus Liebe einen 25 Jahre jüngeren Deutschtürken zu heiraten. Tenor der Berichterstattung: aber singen, singen kann sie wie ein Engel.

Eine Zeitlang wandte sich Bülent Ersoy von der *sanat müziği* ab und der *arabesk* zu. Spötter meinen, um sich beim Volk lieb Kind zu machen. Denn die *arabesk* ist die Musik der Massen, sind jene Klänge verlorener Liebe und Heimweh, die Europäer gemeinhin mit türkischer Musik verbinden: ein lethargisches Gejaule, das nur erträgt, wer sich der Melancholie eines Gurkenfeldes anverwandeln kann, wen die Kälte Istanbuls erzittern und die Erotik von Pluderhosen erschauern läßt. Oh doch, es besteht – zumindest nach Ansicht der *sanat-müziği*-Anhänger – durchaus ein Unterschied zwischen der von ihnen bevorzugten Fülle des Wehlauts und der *arabesk*, die die schönen alten Volksweisen bis zur Unkenntlichkeit verkitsche. Wer die Stile verwechselt, wird angestarrt, als hätte er Rilkes »Liebes-Lied« mit »Herzilein« von den Wildecker Herzbuben verglichen. Das mag auch damit zusammenhängen, daß die *sanat müziği* die Musik der fortschrittlichen Söhne und Töchter Atatürks ist, während *arabesk* von finsteren Gesellen wie dem schnauzbärtigen Ibrahim Tatlıses gesungen wird, einem ehemaligen Maurer aus Ostanatolien. Seine Familie floh ihr ärmliches Dorf, um in Istanbul ihr Glück zu suchen und nichts als unwürdige Hilfsarbeiten, Dreck und Feindseligkeit zu finden. Tatlıses ist ein wahrer Volksheld, spiegelt sich in seiner Biographie und seiner Musik doch das Leben von Millionen Türken: Die *arabesk* entstand mit der starken Landflucht und Gastarbeiterbewegung Ende der sechziger Jahre, als mit den Menschen auch ihre Lieder reisten. Erst nur nach Istanbul, dann auch nach Berlin, Düsseldorf und Köln. Volksweisen verwandelten sich in Straßenschlager, und auch die Großstadt wurde nun besungen und beklagt. Denn Kopf (und Hose) wissen die neuen Freiheiten zu schätzen, aber das Herz hängt noch an junger Liebe, alten Traditionen und dem besseren Gemüse im Heimatdorf.

Die Kinder dieser Migrantengeneration aber hören längst eine ganz andere Musik. Sie verwendet zwar auch arabische Ornamentik (daher der Name *arabesk*), ist aber von den anatolischen Gemüsefeldern Lichtjahre entfernt. Ihr Sehnen wendet sich vielmehr in genau die andere Richtung. Seit knapp zwanzig Jahren stürmt eine Popmusik die türkischen Charts, die sogar ausländische Stars erblassen läßt. 50000 verkaufte Tonträger amerikanischer Musiker gelten schon als Erfolg, während ein türkischer Popsänger sich dafür schämen würde – die Alben von Superstar Tarkan erreichen innerhalb eines Monats Millionenhöhe.

Türkpop unterscheidet sich von seinem westlichen Vorbild nur in der Sprache – und in der wichtigen Tatsache, daß selbst der westlichste Türke zum Tanzen auf den orientalischen Hüftschwung nie verzichten würde und nach eben jenen schunkelnden Oboen und rasselnden Tamburinen verlangt, die den Disco-Rhythmen erst den letzten Schliff geben. Streicher spielen im Türkpop eine tragende Rolle, und erst mit der traurigen Sufi-Flöte Ney wird aus einer schönen Ballade eine zum Heulen schöne Ballade. Musik ist ein viel zu elementarer und lebendiger Bestandteil türkischer Kultur, als daß die türkischen Hit-Komponisten bei aller Verehrung für die westliche, natürlich vor allem amerikanische Rock- und Popmusik auf das stolze Erbe verzichten würden. Von dem türkischen Grundbedürfnis, mitzusingen, ganz zu schweigen. Denn anders als der Europäer pflegt der Türke zu Kitsch und Herzschmerz ein inniges Verhältnis, weswegen es ihm überhaupt nichts ausmacht, Wort für Wort verstehen zu können, wovon da geschmachtet wird, ja er will aus vollem Herzen mitfühlen.

Nicht nur die *sanat müziği* und die *arabesk* verwenden Volkslieder, auch der Türkpop motzt uralte Melodien mit Synthesizer und E-Gitarre auf. Ein regelrechter Trend ist daraus in den letzten Jahren in der Türkei entstanden, als letzte Region hat es das Schwarzmeer erwischt, dessen Star David Güloğu als »Ricky Martin der Schwarzmeerküste« landesweit die Hüften schwingt. Andere verwandeln die Musik ihrer Omas mit hippen Rhythmen und schnellem Sprechgesang, zum Teil sogar im unverständlichen Heimatdialekt, in eine Art Reggae-Rap. Seit den Demokratisierungsbemühungen der Türkei und der Aufhebung des Sprachverbots im August 2002 betreten auch immer mehr kurdisch singende Künstler die Bühne. Nilüfer Akbal wird mit ihren von Jazz über Funk bis Reggae reichenden Stükken in der Türkei bereits als »kurdische Sezen Aksu« gefeiert und damit mit einem von allen Alters- und Gesellschaftsschichten geliebten türkischen Superstar verglichen.

Die erfolgreichsten Sänger in der Türkei sind allerdings jene mit besonders west-kompatibler Musik. Und genau sie haben es – mit Hilfe ihrer Landsleute im Ausland – tatsächlich auf den internationalen Markt geschafft. Dank der großstädtischen Enkel anatolischer Bauern finden sich CDs mit türkischer Musik nun auch in den Regalen von »Mediamarkt« und »Saturn« und liegen nicht mehr nur als Kassetten in den düsteren Regalen der Import-Export-Läden. Während den türkischen Fans das moderne, »westlich«-coole Auftreten imponiert, sorgt im Ausland gerade das orientalische Flair für Anhänger. Zu Tarkan tanzt man längst »von Anatolien bis Mexiko« (wie die türkische Presse stolz berichtet), im Spätsommer 2003 stürmte sein in der Türkei mindestens ebenso berühmter und beliebter Kollege Mustafa Sandal die deutschen Charts, und Sertab Erener gelang im selben Jahr der erste türkische Sieg in der Geschichte des Grand Prix d'Eurovision de la Chanson. Bei aller Freude übrigens empört beschimpft von ihren türkischen Fans, die ihr den englischen Text nicht verziehen. Und über die Haremsszenen im Video wurde später gehöhnt: »Naja, auf so was stehen die Europäer halt.«

Nur die Übermutter der türkischen Musikszene, Sezen Aksu, ist in Deutschland relativ unbekannt, auch wenn ihren größten Hit »*Hadi bakalım*« bis heute jeder sofort mitsummen könnte, der 1992 auch nur in die Nähe einer Tanzfläche kam. Die »Bild«-Zeitung titelte damals erstaunt »Blonde Türkin stürmt deutsche Hitparaden«. Beschreiben kann man die Diva eigentlich nur mit Superlativen: Als Star ist Aksu so wandlungsfähig, gewieft und esoterisch angehaucht wie Madonna, als Produzentin erfolgreich wie Dieter Bohlen, und multikulturell engagiert ist sie wie Sting. Seit 1974 mischt die 1954 in Izmir geborene Sezen Aksu als Komponistin in der türkischen Musikszene mit und hat sich längst auch einen legendären Ruf als Nachwuchsförderin erworben. Sertab Erener fing wie viele heute bekannte türkische Popsterne als Hintergrundsängerin in Aksus Band an, und Tarkans Superhit »Şımarık« (»Kiss Kiss«) stammt aus ihrer Feder. Neben dem kommerziellen Popgeschäft tritt sie mit Goran Bregovic auf, singt auf Friedenskonzerten mit Griechen oder auf armenisch und interpretiert kurdische Volkslieder a capella. Regelmäßig veröffentlicht Sezen Aksu Konzeptplatten, darunter 1995 die einiges Aufsehen erregende »Ex Oriente Lux«, die ebenfalls Aksus Herzensthema, das multikulturelle Erbe Anatoliens, verarbeiten. Und nicht ohne Grund war sie der krönende Abschluß in »Crossing the Bridge«, dem Dokumentarfilm von Starregisseur Fatih Akin (»Gegen die Wand«) über »den Sound von Istanbul«. Ein Auftritt, auf den Akin zu Recht stolz ist: Seit einigen Jahren gibt Sezen Aksu keine Interviews mehr – sie habe genug von den Wortverdrehungen der Presse, ließ sie diese durchaus freundlich wissen. Alles, was sie zu sagen habe, sage sie von nun an ausschließlich in ihren Liedern. Davon gibt es mittlerweile immerhin rund dreihundert Stück. Diese Zurückhaltung hat zur Folge, daß in der türkischen Presse statt Sezen Aksu nun ehrfurchtsvoll ihre Liedtexte zitiert, auseinandergenommen und interpretiert werden wie die Lyrik eines Nationaldichters.

Als Dichter könnten auch zwei weitere Größen vor allem der türkischen Intellektuellenszene über dreißig gelten: Bülent Ortaçgil und Ahmet Kaya. Bülent Ortaçgil ist so eine Art Paolo Conte der Türkei. Seine Fans sagen: Es gibt in der Türkei Rockmusik, Popmusik, und es gibt Ortaçgil-Musik. Und tatsächlich ist sein ruhiger Gesang, oft nur von der Gitarre begleitet, in seiner poetischen Gelassenheit eine seltene Form von türkischem Liedermachergut. Ortaçgils Gemeinde ist klein, aber fein und seine politischen Äußerungen eher subtil. Der 2001 verstorbene kurdische Liedermacher Ahmet Kaya dagegen landete im Gefängnis, seine Konzerte wurden oft verboten, aber seine Platten verkauften und verkaufen sich in Rekordhöhe. Und zwar an ein ungewöhnlich breites Spektrum von Fans: Studenten lieben ihn für seine lebenslange Protesthaltung gegenüber dem unerbittlichen türkischen Militär, und konservative Mitt-Fünfziger zitieren seine poetischen Texte wie klassische Liebesgedichte.

Keine Frage: Die Türkei pflegt eine ganz besondere Beziehung zu ihren Sängern, und im Gegensatz zu etwa Deutschland geht die Heldenverehrung nicht nur von pubertierenden Fans aus. Auch in den Medien nimmt sie einen der Fernseh- und Kinostarberichterstattung vergleichbaren breiten Raum ein.

Aber die Seele der türkischen Musikszene sind die kleinen CD-Läden. Die übrigens nach wie vor mehr Kassetten als CDs verkaufen. Schallplatten werden in der Türkei seit Mitte der siebziger Jahre nicht mehr produziert, und schon damals war die Musikkassette der Tonträger Nummer eins. Bis heute erscheint jede Platte eines Stars immer auch als Kassette, weil sich die Masse der Türken die fast dreimal so teuren CDs gar nicht leisten kann.

So wie Europäer ihren Stammbuchladen haben, so gehen Türken zum Musikhändler ihres Vertrauens. Bekommen sie dort doch nicht nur kundige Beratung, sondern auch selbstgebrannte »Best-Of«-CDs, wenn sie sich mal nicht zwischen den vielen Alben ihrer Lieblingssängerin entscheiden können oder sogar die hauseigene Compilation »Sommerhits«, die der Besitzer jährlich als besonderen Service preiswert unterm Ladentisch an seine Stammkunden verkauft.

Musik verbindet – diese Binsenweisheit wird in der Türkei tagtäglich mit Leben gefüllt. Weshalb sich im Radio die Wunschsendungen ganz besonderer Beliebtheit erfreuen. Weniger wegen der gespielten Titel, sondern wegen der Möglichkeit, seine Lieben zu grüßen. Die Liste der aufgezählten Personen ist meist kaum kürzer als das gewünschte Lied, aber niemals würde es einem Moderator einfallen, den Hörer deswegen abzuwürgen. Und so werden nicht nur die nächsten Verwandten gegrüßt, oh nein. Auch Tante Fatma und Cousin Cengiz. Und Kollege Mesut und Kollegin Tansu. Nachbarin Emine, und Metzgermeister Emin. Und dann »alle Arbeitskollegen…« – nein, »…alle Arbeiter…« – nein, eigentlich »…alle Demokraten…« – ach was: »Ich widme dieses Lied allen ehrlichen Menschen auf der Welt.« Böse Menschen haben schließlich keine Lieder. Wenn sich tatsächlich alle dort niederlassen würden, wo man singt, dann müßte die EU um Aufnahme in die Türkei bitten und nicht umgekehrt.

11. Sodom und Gomorrha im Paradies: Die Mittelmeerküste

Jedes Jahr, Mitte Juni, wenn die Sommerferien beginnen, ändert sich in der Türkei die Gravitation. Es ist, als ob eine riesige Kompaßnadel im Inneren des Landes sich für ein paar Monate vom Norden abwendet und einen anderen Orientierungspunkt sucht. Und mit ihr drehen sich die Antennen, Satellitenschüsseln und Köpfe der Türken alle in dieselbe Richtung: zum Meer. Zum *Akdeniz*, dem »weißen« oder »reinen« (*ak*) Meer, wie das Mittelmeer im Gegensatz zum Schwarzen, dem *Karadeniz*, genannt wird.

»Reines Meer«, das klingt so unschuldig. Als sei die türkische Mittelmeerküste nicht – mehr noch als Istanbul – der Sündenpfuhl des Landes. Ein Ort, an dem Sex und Drogen die Träume und die Realität Tausender Türken bestimmen. Als würde er sich nie in eine überdrehte Spaßhölle, nie in einen depressiven Wartesaal verwandeln.

Aber der Sommer hat ja gerade erst begonnen. Eine kräftige, strahlend helle Sonne entlockt dem Meer Grün- und Blautöne in berückend vielen Schattierungen. Die Umrisse des Taurusgebirges formt sie zu einer dramatischen Hintergrundkulisse. Und die Bleichgesichter am Strand muß sie nur kurz anlächeln, damit die sich in knallrote, zerknitterte Grillhähnchen verwandeln. So lautet zumindest das Klischee, das die Einheimischen für die Deutschen bereithalten. Immer noch freundlicher als die Variante, die in der Türkei bösartige Kleingeister gerne für Nichtmoslems verwenden: »Die essen Schweine, also verwandeln sie sich in Schweine.«

Jede Nation bekommt ihre eigene Schublade: Die Deutschen gelten außerdem als pfennigfuchsende Schnäppchenjäger, aber auch als ordentliche und verläßliche Gäste. Die Franzosen legen ein willkommenes, dem türkischen ähnliches Freizeitverhalten an den Tag: Im Urlaub wird nicht gespart. Italiener sind schön anzusehen, wenn sie nur nicht abends immer so laut in die Bars einfallen und zu ihrem komischen Italopop tanzen wollen würden.

Und dann gibt es da noch eine relativ neue, aber stetig größer werdende Besucherschar. Zitat einer jungen Freundesclique aus Bursa, die – wie mittlerweile fast alle Türken – soeben die Retortenstadt Kemer geflohen ist: »Alles voller Russen. Komische Typen. Denen kann man vorsetzen, was man will, die nehmen alles. Vor allem bei Tisch. Fehlt nur noch, daß sie die Melonenschalen mitessen. Aber es gibt bestimmt auch Türken in Deutschland, über die man sowas sagt, oder?«

Vom türkischen Studenten bis zum russischen Sonderling – wenn der Sommer beginnt, kommen sie alle. Auf der Strandpromenade begegnen sich deutsche Pauschaltouristen und Istanbuler High Society, anatolische Dörfer trennt plötzlich nur noch eine Schotterstraße vom Treff der Weltenbummler. Das Drehkreuz ist Antalya. Im Jahr 2005 war es ein Drittel der insgesamt über einundzwanzig Millionen ausländischen Touristen, die hier landeten und auf der bequemen neuen Küstenstraße ausschwärmten. Die meisten sind Deutsche, die rund ein Viertel aller Türkeibesucher ausmachen (gefolgt von den Touristen aus GUS-Staaten mit sechzehn Prozent) und im ganzen Land wahren Trendsetterruf genießen: »Immer, wenn wir glauben, noch ein lauschiges, abgeschiedenes Fleckchen entdeckt zu haben«, heißt es unter reiselustigen Türken, »bevölkert nur von Einheimischen und ein paar Touristen – dann sind diese Touristen garantiert Deutsche.«

Als Pauschalurlauber fahren die Deutschen von Antalya gern in Richtung Osten, nach Side oder Alanya, wo die Kneipen »Zapfhahn« oder »Schluckspecht« heißen und schwarz-rot-goldene Flaggen in schmucken Vorgärten die Region allmählich in ein deutsches Ersatz-Mallorca verwandeln. Und die Türken machen sich einen Spaß daraus, manche Strände »Klein-Berlin« zu taufen, ganz so, wie Deutsche Kreuzberg »Klein-Istanbul« zu nennen pflegen.

Russen und Engländer hingegen nehmen am liebsten die Straße in Richtung Westen. Das bereits erwähnte Kemer liegt etwa fünfzig Kilometer von Antalya entfernt, und die Region um den in jeder Urlaubsbroschüre abgebildeten Traumstrand Ölüdeniz bei Fethiye, zweihundert Kilometer weiter, gehört den Engländern. Die geradezu karibische Lagune mit Sandstrand und Palmengrün kostet mittlerweile Eintritt und darf nicht mehr bebaut werden, weshalb im Hinterland Orte aus dem Boden gestampft wurden, die nur aus neonbunten Hinweistafeln und pseudo-britischen Strandbars bestehen. Frühstückslokale verweisen stolz auf ihr »Breakfast with the real English pork sausage«. Selbstgemalte Schilder brüllen »Free bottle of wine with dinner!!«, und wenn eine Tafel am Vortag noch »Buy 1 get 4 free!« von was auch immer versprach, ruft sie am nächsten Abend »Buy 1 get 4̶ 5 free!!«

Weiter im Norden, in den Touristenorten, die vom Flughafen Izmir bedient werden, sieht es nicht anders aus. Längst ist das pittoreske Stadtbild von Bodrum mit grellen Farben aufgepeppt worden, und im Amüsierviertel Gümbet sitzen verschreckte englische Rentner auf ihrem Hotelbalkon und fragen sich, ob das wirklich das türkische Nachtleben ist, durch das sich ihre Landsleute unten auf der Straße gerade saufen, oder ob sie aus Versehen doch wieder auf den Kanaren gelandet sind.

Vor fünfzehn Jahren fragte man sich angesichts Bodrum: Was war zuerst da, der Ort oder die Postkarte? Dieser Bilderbuch-Fischerhafen! Diese weißen Häuschen mit ihren blauen Fensterläden! Die Kunstmärkte! Bodrum ist ein Künstlerdorf, seit der Istanbuler Schriftsteller Cevat Şakir Kabaağaçlı seine Liebe zu dem beschaulichen Fischerort entdeckte, sich zu Ehren des alten Namens von Bodrum »Fischer von Halikarnassos« nannte und in den fünfziger Jahren Kollegen, Maler und Gelehrte in seine neue Heimat einzuladen begann. Während Istanbul hingerissen den *American way of life* zelebrierte, klapperte diese stolze Intellektuellenschar in alten Fischkuttern die unzähligen Buchten der Küste ab und suchte, befeuert von türkischem *rakı* und altgriechischen Epen, mit den antiken Ruinen auch ihre eigenen Wurzeln zu entdecken. Kabaağaçlı schrieb ein Buch über diese natur- und nationalromantische Leidenschaft, *»Mavi Yolculuk«*, »Die Blaue Reise«, – und inspirierte damit zu der Mehrtagesbootstour, die sich vom Geheimtip unter türkischen Städten zum Touristenmagneten verwandelt hat, mit Comfortjacht, Vollverpflegung und Unterhaltungsprogramm.

Früher hießen die Strände der Mittelmeerküste auch einfach nur Strand, *plaj*, heute muß es ein »Nobilis« sein, ein »Grenada Beach« oder »Pazifik Beach«. Die Nachtclubs werden nach irgendwelchen Vorbildern in London und

Paris genannt oder sollen möglichst edel klingen, »Prestij« zum Beispiel. Besonders beliebt sind auch die französischen Akzente. Als adelnder Goldstaub werden sie wahllos über die Buchstaben verstreut und ergeben Unsinn wie »Lâ societe«. Und der »*kahveci*«, der Kaffeekocher, nennt seinen schäbig-schönen Laden neuerdings »Coffeehouse«, woraufhin der Grillhähnchenverkäufer nachschlägt, was wohl »*tavuk çevirme*« auf englisch heißt. *Tavuk* ist »chicken«, aber dummerweise bedeutet *çevirmek* sowohl »umdrehen« als auch »übersetzen«. An seinem Imbiß prangt jetzt in großen Lettern »chicken translate«.

Allmählich dämmert es den Türken, was sie sich mit ihren »All-inclusive«-Angeboten eingebrockt haben. Statistiken werden zitiert, wonach ein Rucksacktourist am Tag fünf, ein Golfurlauber am Tag hundert Euro ausgebe, und ehrfurchtsvoll predigt die Branche ihr neues Mantra: »Qualitätstourismus«. »Qualitätstourismus« kann ein neues Golfressort bedeuten, wo das All-inclusive-System nur auf Fünf-Sterne-Niveau gehoben wurde. Oder eines der kleinen Designerhotels im osmanischen Landlauslook mit Pool und Sushibar, oft Monate im voraus ausgebucht von anspruchsvolleren Istanbulern ebenso wie Gästen aus dem Ausland.

Aber auch das privat geführte Hotel in einer osmanischen Holzvilla, hergerichtet von einem geschichtsbewußten Architekten, der sich mit der Restauration einen Traum erfüllt hat, zieht »Qualitätstouristen« an. Schließlich ist dort trotz des vergleichsweise stolzen Preises die Badewanne vielleicht in einen alten Wandschrank eingebaut, und die Steckdosen finden sich auch nicht immer dort, wo man sie gern hätte. Aber dafür steht überall Hausrat aus Familienbesitz herum, und die unzähligen Kissen auf der osmanischen Sitzbank unter der Fensterreihe haben die

Großtanten des Besitzers oder die Frauen aus dem Dorf selbst bestickt.

»Qualitätstouristen« werden auch jene genannt, die die Natur dem Trubel vorziehen und dort übernachten, wohin andere nur Tagesausflüge unternehmen. Etwa siebzig Kilometer südwestlich von Antalya zum Beispiel brennt in den Bergen des »Olympos Nationalparks« die »Ewige Flamme von Chimaira« – Erdgas, das aus Felsspalten strömt, sich entzündet und besonders nachts ein romantisches Ziel für unromantisch organisierte Ausflüge aus der ganzen Umgebung ist. Unterhalb der brennenden Felsen aber liegt in den Pinienwäldern hinter dem Strand Çıralı, eine Feriensiedlung aus höchstens zweistöckigen Pensionen, die in der Hochsaison fast ausschließlich türkischen Familien gehört, denen der kinderfreundlich flache Strand und die schattigen Bäume genug der Urlaubsfreude sind.

Eher ausländische »Qualitätstouristen« finden sich im nahen Üçağız, ein Fischerdörfchen abseits der Küstenhauptstraße, zu dem tagsüber die Touristen in Bussen gekarrt werden, um per Boot Kekova zu besichtigen, die »versunkene Stadt«. Die größtenteils undefinierbaren Reste einer antiken Siedlung könnte man genausogut »unter Wasser herumliegende Steine« nennen, aber die Antiquitäten- und Kunsthandwerksläden von Üçağız verdienen ganz gut an den Ausflüglern. Und wenn die Boote fort sind, gehört der idyllische Flecken am Meer ganz den eher älteren »Qualitätstouristen«, die in der Handvoll Pensionen und Fischrestaurants ruhig und gelassen versorgt werden. Denn meistens muß man gar nicht ins tiefe Hinterland, um eine »authentischere« Türkei kennenzulernen. Schon im weniger stark frequentierten Nachbarort einer Touristenmetropole sind die Gastronomen meist furchtbar aufgeregt und rührend bemüht und sehr interessiert an den Fremden. Und dann setzt auch hier die für die Türkei so typische

Eigendynamik ein: die gute Laune der Besucher, die glücklich über ihre Entdeckung sind, und der Stolz der Gastgeber auf ihr Angebot schaukeln sich gegenseitig hoch und schaffen eine dieser vielgerühmten Begegnungen mit der türkischen Gastfreundschaft, die man von der professionellen Freundlichkeit in den Touristenzentren erst unterscheiden kann, wenn man sie erlebt hat.

Der große Vorteil des »Qualitätstourismus«, das hat sich in der gesamten Türkei und auch an der Küste inzwischen herumgesprochen, ist seine relative Unabhängigkeit vom launischen Massenmarkt. Qualität statt Quantität bedeutet Kulturgut statt Kulturschock, Naturschutz statt Action – und Freilandbetrieb statt Käfighaltung: Seit die Touristen in den Achtzigern begannen, millionenfach einzureisen, wurde an der Küste gebaut, was die Investoren hergaben, und die Massen europäischer Urlauber auf der Suche nach Abwechslung zu Adria, Riviera und Costa del Sol ließen sich tatsächlich willig in die noch preiswerteren Betonburgen zwischen Izmir und Alanya locken. Dann kamen der PKK-Terror im eigenen Land, Balkan- und Golfkriege direkt vor der Tür und wirtschaftliche Talfahrten unter wechselnden korrupten Regierungen dazwischen. Nun verschandeln Bauruinen die gesamte Region.

In den Touristenzentren wird wegen der enormen Konkurrenz der Kampf um die Gäste immer verzweifelter geführt. Die eigens engagierten Schlepper, die am Busbahnhof, vor Sehenswürdigkeiten oder einfach an besonders beliebten Plätzen die Touristen abfangen und zu ihren Vertragspartnern lotsen, sind schon so bekannt, daß die Methoden subtiler werden. Relativ plump ist noch die Masche, Ortsunkundigen auf der Straße Hilfe anzubieten und dann zu erzählen, das gesuchte Hotel oder Restaurant sei pleite oder abgebrannt oder beides, man wisse aber zufällig einen ganz vorzüglichen Ersatz. Oder in der

Moschee werde gerade gebetet, ob man nicht auf ein Tee und einen Teppich nach nebenan…? Gern wird den Fremden auch angeboten, sie zum gesuchten Platz zu führen, und schon landen die Opfer statt vor der byzantinischen Kirche im familieneigenen Schmuckgeschäft – mit der Versicherung, der Ticketverkäufer mache ohnehin gerade Mittagspause. Schon aufwendiger ist das Verfahren, bei dem man als dahinschlendernder Tourist nach der Uhrzeit gefragt wird. Weil man das ewige Angesprochenwerden gehörig satt hat, reagiert man im ersten Moment sehr ungehalten, läßt sich dann aber wegen eines schlechten Gewissens und aus purer Erleichterung umso leichter in ein harmloses Gespräch verwickeln. Und gerade, wenn man sein Urteil über die ortsübliche Aufdringlichkeit revidiert hat und sich über diesen so spontanen und authentischen Kontakt zu einem netten Einheimischen freut, steht man mit ihm vor dem Teppichladen seines Onkels.

Weil so manche Grenze zur Belästigung bereits überschritten wurde, hat die Regierung der Provinz Antalya ein Gesetz aufgestellt, wonach bis zu sechs Monate ins Gefängnis wandern kann, wer sich Touristen in den Weg stellt oder sie am Arm zupft, um sie in sein Geschäft oder sein Lokal zu locken. In Side können Läden, die entsprechende Schlepper beschäftigen, für einige Zeit geschlossen werden. Und in dem noch nicht ganz so bekannten Küstenort Çeşme bei Izmir hängen vorsichtshalber schon mal Transparente auf türkisch quer über der Fußgängerzone: »Jeder Tourist ist ein Botschafter«, »Einen Touristen zu betrügen heißt, zehn zu verlieren«.

Eine besonders dreiste Geschichte kursiert über die Taxifahrer von Kuşadası. Hier legen regelmäßig Kreuzfahrtschiffe an, und am Hafen warten dann schon die Taxis, um die Urlauber zur berühmten Ausgrabungsstätte Ephesus im Landesinneren zu bringen. In den Bergen über

Ephesus liegt außerdem eine kleine Kapelle, die als der letzte Aufenthaltsort von Mutter Maria gilt. Die regionale Taxifahrerlobby weiß bislang einen Busverkehr zu dem abgeschiedenen Ort zu verhindern, und entsprechend angewiesen sind Besucher auf die Auskünfte ihrer Chauffeure. Auf halbem Weg zur Kapelle aber steht an der kurvenreichen Straße eine Statue, die die Muttergottes darstellen soll. Die findigen Fahrer aus Kuşadası nun hielten an dem häßlichen Platz im grellen Sonnenlicht und erklärten ihren Kunden, das sei der Wallfahrtsort. Brav stiegen die Touristen aus, knipsten ihre Bilder und ließen sich schnell zurückbringen. Die Taxifahrer kostete dieser Besuch bedeutend weniger Zeit als der Stopp oben im kühlen Wald an der tatsächlichen Kapelle, die man besichtigen kann und wo man in einem Shop Souvenirs und in lauschigen Cafés kalte Getränke bekommt. Der Schwindel soll aufgeflogen sein, als japanische Türkeiurlauber zu Hause zufällig ihre Fotos verglichen und die Betrogenen verwundert ihre Reiseleitung informierten.

Aber es sind keineswegs nur die Ausländer, die im Urlaub ans Mittelmeer fahren. Auch die Türken verbringen dort in Scharen ihren Sommer. Allerdings nicht unbedingt, weil sie so gerne ins Wasser hüpfen oder am Strand braten. Nein, das Beste am Meer ist seine *serinlik*, was so viel bedeutet wie: seine frische Brise. *Serinlik* ist für das türkische Wohlbefinden von außerordentlicher Bedeutung. *Serin* kann auch »zu kühl« meinen und dazu führen, daß türkische Omas zum Schutz gegen todbringenden Durchzug ganze Stapel von Kissen und Strickjacken anschleppen. Aber im heißen türkischen Sommer bedeutet *serin* »luftig« im Sinne von »himmlisch«. Und so zieht ins Sommerparadies, wer kann. Die Masse der Türken freilich kann nicht, kann sich schon das Reisen nicht leisten, von einem Sommerurlaub ganz zu schweigen. Oft haben aber auch weniger betuchte anatolische Großfamilien mindestens einen Verwandtschaftszweig, der sein Glück im Tourismusgeschäft an der Küste versuchen wollte, und dessen Zuhause wenigstens ein paar Familienmitgliedern als Sommerquartier dienen kann. Die sich dann sofort selbst einen Ferienjob suchen. Es gibt mittlerweile auch einfachste Unterkünfte, und sei es nur eine trostlose Reihe umgebauter Garagen mit jeweils einem Drei-Quadratmeter-Rasenstück davor. Die zellengroßen Matratzenlager nimmt die Familie in Kauf, weil sie ohnehin den ganzen Tag draußen verbringt, am Strand unter Bäumen sitzend oder grillend in ihrem »Garten«.

Die Anatolier aber, die mit Kind und Kegel und vor allem Kopftuch den Strand bevölkern, will übrigens – Stichwort »Qualitätstourismus« – kein Touristikunternehmer in seiner Nähe wissen. Eigentlich ist es ein Wunder, daß noch keiner die Einführung einer Bartsteuer angeregt hat, wie sie Mausolos einst erhoben haben soll: Um den Ausbau von Halikarnassos zur Hauptstadt seines Reiches zu finanzieren, verlangte der persische König vom lykischen Adel eine Gebühr für dessen stolz getragenen langen Bärte und Haare. Und was die Frauen angeht, so ist es eine Lieblingsbeschäftigung westlich orientierter Türkinnen im Bikini, über ihre biederen Geschlechtsgenossinnen zu lästern: die gehen nämlich streng bekleidet ins Wasser »und sehen danach aus, als wollen sie in einem Wet-Shirt-Wettbewerb mitmachen«. Man kann es gar nicht oft genug sagen: Die Skepsis des Mitteleuropäers gegenüber den konservativen Türken auf seinen Straßen ist nichts, aber auch gar nichts gegen die Verachtung, mit der ein – nach eigener Definition »zivilisierter« – Türke seine strenggläubigen Landsleute straft.

Für manche läßt sich *serin* auch mit »von diesem Fleckchen bewege ich mich die nächsten Monate nicht weg«

übersetzen. Denn in der Türkei gibt es sie noch, die Sommerfrische. Wer nicht allzuweit weg wohnt und es sich nur irgendwie leisten kann, hat ein Häuschen am Meer. Oder zumindest eine Ferienwohnung. Der vielbeschäftigte Mann kommt übers Wochenende, der Rest der Mittelstandsfamilie verbringt die gesamten, drei Monate andauernden Schulferien an der Küste. Die Zeit wird aber auch dringend benötigt. Denn Freunde und Verwandte haben ihr Domizil prinzipiell in unmittelbarer Nähe, und das bedeutet dann erst einmal eine Flut von Besuchen und Gegenbesuchen, gegen die die Verpflichtungen am französischen Hof ein Kinderspiel gewesen sein müssen. Zumal alle Freunde und Verwandte jeweils wieder andere Freunde und Verwandte haben, so daß man sich angesichts dieser gesellschaftlichen Hauptverkehrszeit fragt, warum erholungsbedürftige Türken im Sommer eigentlich nicht in der Stadt bleiben.

Aber nein, lieber verbringt man irgendwann einfach gleich den ganzen Tag zusammen und gleitet gemeinsam in die Ferienroutine. Hauptbeschäftigung ist der Plausch auf der Terrasse, bei dem wichtige Überlebenstips ausgetauscht werden. Neu entdeckte Strände in der Umgebung zum Beispiel, mit besonders sauberem Sand vielleicht, vor allem aber mit einem Strandcafé und ausreichend schattigen Plätzchen, die schön luftig sind. Oder ein empfehlenswertes Gartengeschäft, das diese entzückenden Gipsschwäne für den Vorgarten verkauft. Natürlich hat man außerdem seinen persönlichen Lieblingsbäcker, holt den Honig beim Imker in dem Dorf, in das alle fahren, und benötigt unbedingt einen Melonenstand seines Vertrauens, wo man sich mit dem Händler duzt, weil der weiß, in welchem Rot-Ton welcher Kunde seine Melonen am liebsten hat. Ganz besonders zeichnet den erfahrenen Sommerfrischler auch das Wissen um das beste *mantı*-Lokal aus. Die türkischen

Ravioli mit Joghurtsoße sind ein beliebtes Ausflugsziel für ein Mittagsessen außer Haus. Meist finden sich die Familienbetriebe, wo die Großmutter die begehrten und immer extra ausgeschilderten *ev mantısı* zubereitet, hausgemachte *mantı*, in den Dörfern im Hinterland der Küste. Denn Kenner essen die Ravioli nur im *mantı salonu*, also dort, wo es ausschließlich *mantı* gibt. Und nur mittags. Sind ja schließlich nur Nudeln, und abends wird richtig gegessen.

Am Nachmittag erledigen die Frauen Einkäufe oder weitere Besuche oder beides. Und in den Ferienhaussiedlungen ist von schattigen Terrassen ein regelmäßiges Klakkern zu hören. Es sind Backgammonwürfel. *Tavla*, sagen die Türken, ist der Dialog des Mannes mit seinem Geist, ein sehr schweigsames Ritual, das nur von gelegentlichen Rufen an die Hausherrin in der Küche unterbrochen wird, doch den Tee nachzugießen.

Abends gibt es für den Besuch auf jener Terrasse, die jetzt am luftigsten ist, das Abendessen. Oder man geht aus. Gerne, aber selten in die relativ teuren Fischrestaurants, meistens in einen *kebap-* oder *pide salonu*, die Dutzende Fleisch- oder Pizzagerichte servieren. Und danach pflegt sich der alteingesessene Sommerfrischler vom gemeinen Volk darin zu unterscheiden, daß er zum Kaffee nach Hause fährt.

Denn für Anfänger, Touristen und Unter-Drei-Monats-Urlauber beginnt jetzt der wichtigste Teil der Ferien. Das Sehen und Gesehen werden. Schließlich werden die Fernsehmagazine im Sommer nicht ohne Grund vom Klatsch und Tratsch an der Küste dominiert, bestimmen neue Trends und »Geheimtips« die Titelgeschichten der Illustrierten. Wenn es um einen Bodrumer Nachtclub mal wieder Ärger gibt, weil sich die Anwohner über die Lautstärke beschwert haben oder weil er angeblich älteren

Gästen den Zutritt verweigert, berichten Medien darüber in ausführlicher Breite. Und selbstverständlich ist die Marketingleiterin eines anderen Clubs ein Porträt wert, wenn sie ausgerechnet der religiösen Partei AKP angehört.

Bodrum ist für die Jungen und Schönen nach wie vor ein *place to be*, auch wenn die Istanbuler Society gerade Çeşme entdeckt und dort zum Entsetzen der Ferienhausbesitzer aus Izmir die günstigen Preise zu verderben droht. Bodrum hat zwar dreitausend Bars, ein Nachtleben, das nicht vor halb eins beginnt, und Afterhour Clubs, die erst um vier Uhr morgens öffnen – aber es hat den Funsport- und Actiontrend verschlafen, so daß im Sommer 2003 höhnisch über ausbleibende Gäste berichtet wurde.

Wie »in« ein Ferienort unter Türken ist, läßt sich auch an den Konzertplakaten ablesen, die die Sommertapete der Küste bilden. Hier, in den Clubs am Mittelmeer und in den CD-Läden der Strandpromenade, entscheidet sich der jährliche Superhit, weshalb türkische Alben in genau dieser Zeit veröffentlicht werden und die Stars ihre Tourneen in Bodrum, Antalya und Alanya beginnen, um sie im September in Istanbul zu beenden. In einem Jahr stöhnen die Kolumnisten entnervt, daß man in Bodrum in zwei Monaten so viele Latino-Rhythmen hören müsse wie ein Brasilianer in fünf Jahren nicht, einen anderen Sommer lang findet sich an der Küste so gut wie kein voller Tanzboden, weil gerade das Clubbing angesagt ist.

Aber nicht nur wegen des Trendsettings steht die türkische Mittelmeerküste unter so strenger Beobachtung. Nachzusehen, was ihre Mitmenschen so treiben, tun Türken am liebsten, und hier gibt es ganz besonders viel zu sehen. Weil sich hier so herrlich über das affektierte Benehmen der türkischen Schickeria lästern läßt, weil auch die Pauschalurlauber immer ein Anlaß zur Freude sind, und weil sich Touristen mit der gleichen Regelmäßigkeit danebenbenehmen wie das anatolische Landei. Vor zwanzig Jahren noch war es für Fischer ein geselliger Zeitvertreib, am Nachmittag kleine Ausflugsfahrten entlang der ausländischen Ferienclubs zu veranstalten. Nichtsahnend lagen dort die barbusigen Touristinnen am Meer, und hundert Meter entfernt schipperte langsam ein vollbesetzter Kutter den Strand entlang, gefährlich weit auf die dem Ufer zugewandte Seite geneigt, voll stumm starrender schnauzbärtiger Männer.

Solche Extremfälle sind inzwischen selten, aber nackte Haut wird immer noch gerne beglotzt. Andererseits nutzen auch die Urlauberinnen aus Mitteleuropa immer sorgloser, was eine türkische Frau nie ohne eindeutige Absichten einsetzen würde: den Augenkontakt. Er ist in diesem Land ein so eindeutiges wie beliebtes Flirtmittel, und türkische Männer hält man sich am besten vom Leibe, indem man an ihnen vorbeischaut oder sie gegebenenfalls mit angewiderter Mißbilligung straft. Die Blicke guckt man sich übrigens am besten bei hübschen jungen Türkinnen ab, jede von ihnen eine Göttin der Hochnäsigkeit. Und die Istanbulerinnen unter ihnen müssen das Töten mit Blicken erfunden haben.

Vielleicht ist der Kontakt aber auch erwünscht. Nirgendwo kommen sich die blonde Europa und der dunkle Osman so nahe wie hier an der türkischen Mittelmeerküste, leicht bekleidet, leicht verschwitzt und sehr neugierig auf den anderen. Eine entspannte Tourist(inn)enschar und eine vergnügungssüchtige türkische Jugend haben die Küste zu einem riesigen Spielplatz gemacht, auf dem man gemeinsam ein bißchen umhertobt – mit gelockertem moralischen Korsett die einen und fern der Benimmregeln ihres ordentlichen Alltags die anderen. Denn es ist keineswegs so, daß hier finstere Wüstlinge schüchternen Damen nachstellen. Ebenso berüchtigt wie der mit zunehmender

Nähe zum Meer ansteigende Testosteronspiegel so mancher Türken sind die im ganzen Land bekannten »Sextouristinnen«. Für sie gehört ein Abenteuer mit einem heißblütigen Orientalen zum Urlaub dazu, und die türkischen Kellner und Reiseleiter schließen Wetten darüber ab, wer am Ende der Saison die meisten flachlegen konnte. Ein paar nette Tage am Strand, ein paar vergnügliche Abende in der Disco, die ein oder andere aufregende Nacht – mehr will ja auch die Urlauberin nicht. Beachten sollte sie nur, daß sich der Spielgefährte trotzdem benimmt wie ein richtiger türkischer Mann: Er ist galant, umsorgt die Dame und übernimmt unbedingt die Rechnung. Niemals ließe ein Türke die Frau bezahlen, tut er das doch, sollte sie aufstehen und gehen: ein deutlicheres Zeichen, daß er sie offenbar noch geringer achtet als eine Prostituierte, gibt es nicht. – Die Regel gilt natürlich nicht, wenn man sich schon länger kennt, befreundet oder der Türke gut vertraut ist mit europäischen Gepflogenheiten.

Natürlich gibt es Ausnahmen und romantische Geschichten von glücklichen Beziehungen, aber meistens dient die europäische Frau dem einfachen Türken als eine interessante, aufregende Möglichkeit, sich vor der Ehe mit einer anständigen Landsmännin ein bißchen auszutoben. Denn das Hauptziel der neu angekommenen Glücksritter ist der persönliche Erfolg, ist eine Zukunft, möglichst mit Geld, möglichst in Sicherheit – die möglichst blonden Touristinnen sind in der Regel nur dazu da, den harten Weg dorthin zu versüßen. Eine Matratze und ein Hilfsjob findet sich im Sommer allemal, hier, wo Taxifahrer in vier Monaten genug für den Rest des Jahres verdienen und trotzdem über den Rückgang der Besucherzahlen jammern. In Scharen fliehen vor allem die jungen Männer die Enge ihrer anatolischen Dörfer. Oder sie tauschen ihr trostloses Schwarzes gegen das »reine« Meer. Dessen alteingesessene Fischer oft ebenfalls den Beruf gewechselt haben, weil in den Netzen der Küste inzwischen soviel mehr Touristen zappeln als Fische.

Andere wiederum sind nicht wegen des Geldes ans Mittelmeer gezogen. Die Alternativszene der Rucksacktouristen, der von ihnen initiierte Einfluß der westlichen Kultur hat hier ein Ziel auch für einheimische Aussteiger geschaffen, für die ein freies Leben viel mehr bedeutet als ein Schlafsack am Strand. Hinter so mancher billigen »Backpacker *pansiyon*«, die von einem lockeren jungen türkischen Paar geführt wird, verbergen sich dramatische Geschichten, von verbotener Liebe und wilder Ehe, von wütender Eifersucht, die geflohen werden mußte, vom Glück der Unabhängigkeit und was es für ein Gefühl bedeuten kann, mit Studenten aus aller Welt beim Bier auf der Dachterrasse sitzen und tief durchatmen zu können, ganz tief.

Aber irgendwann ist der Sommer vorbei. Dann streunen hungrig und aggressiv die Katzen durch die verlassenen Straßen, verwöhnt von diesen tiernärrischen Fremden und ihren Keksen. Nun fauchen sie und springen an den wenigen Opfern hoch und klauen ihnen wie dressierte Hunde jeden Sesamkringel auf dem Weg zum Mund aus der Hand. Müde Kellner und gelangweilte Teppichhändler hängen vor ihren Läden und machen ein paar halbherzige Versuche, die letzten versprenkelten Kunden in ihr Geschäft zu locken. Ein Hotel nach dem anderen wird geschlossen, eine Pension nach der anderen macht zu.

Je fröhlicher eine Stadt im Sommer feierte, je stärker sie sich auf die Touristen eingestellt hatte, desto trauriger ist jetzt ihr Anblick. Denn mit dem Wind setzt hier die große Winterdepression ein. Nur ein paar Unterkünfte bleiben geöffnet, um die Gestrandeten zu versorgen – und ein paar

Bars: für die, die es nur mit der gewohnten Menge Treibstoff bis zum nächsten Sommer schaffen. Türken trinken nicht viel, aber die Spiel-und-Spaß-Dauerparty der Touristen ist verführerisch, die Methode, den Alltagsstreß hinter sich zu lassen, lädt zum Mitfeiern ein, lenkt ab – und im Winter kommt die große Leere. Traurige, alkoholkranke Gestalten bevölkern dann die verlassenen Orte, und die Alten, die seit ihrer Kindheit hier leben, schütteln den Kopf und verfluchen das schnelle Geld und die schlechten Sitten, die der Tourismus gebracht habe. Ehen, sagt man an der Küste, halten hier nur zwischen Alteingesessenen, denn bei dem Angebot im Sommer gehen alle, wirklich alle Männer fremd, und die »modernisierten« Frauen machen das nicht mehr mit. Ganz zu schweigen von den Multikulti-Beziehungen. Da kommen aus Deutschland, Österreich oder der Schweiz enttäuschte und einsame Herzen ans türkische Meer und sind entzückt von dem heldenhaften Selbstverständnis, der Beschützerrolle, der romantischen Gefühligkeit der türkischen Männer. Aber länger als ein, zwei Jahre hält der Zauber selten an, dann überwiegen wieder die Unterschiede.

Die Mittelmeerküste – das ist Türkei im Extrem- und Ausnahmezustand zugleich. Oder, wie Mahmut es erklärt, der in der Altstadt von Antalya in einem Teppichladen jobbt und vor ein paar Jahren seine Heimatstadt geflohen ist: »In Kappadokien war es mir zu eng. Es gibt keine Bars, überhaupt keine Abwechslung. Nur der dauernde Dorfklatsch. Und dann die Sache mit Männern und Frauen. Sehr kompliziert. Das Verhältnis zwischen Kappadokien und Antalya ist ungefähr so wie zwischen der Türkei und Europa: eigentlich gehört man zusammen, aber die Unterschiede sind riesig!«

Besser kann man es nicht ausdrücken.

12. Statt eines Abschieds: Die Türkei auf dem Weg nach Europa

Wenn ich in die Türkei fahre, bin ich oft zuerst in Istanbul. Dort muß ich meinen Verwandten dann klarmachen, daß sie mir nicht den neuen Italiener neben der neuen Starbucks-Filiale zeigen sollen, wo man für einen freien Tisch fünfzehn Minuten lang Schlange stehen muß, sondern daß ich lieber gegrillten Fisch auf den schaukelnden alten Booten neben den Anlegestellen der Bosporus-Fähre esse. Einen Sommer, als wir mittags dort saßen, formierten sich am Kai etwa zehn Studenten mit Transparenten im Kreis. (Kritische Istanbuler Studenten erkennt man daran, daß sie entweder aussehen wie Pariser Existenzialisten der siebziger oder Berliner Studenten der achtziger Jahre.) Auf den Transparenten war die Forderung zu lesen, den heiß begehrten Dollar als Zahlungsmittel in der Türkei zu verbieten. Sie skandierten etwas von der Globalisierung und drohendem türkischen Identitätsverlust. Der Fischer des Bootes murmelte vor sich hin, daß Atatürk ihnen den Hintern versohlen würde, sähe er sie im Hafen herumstehen, anstatt die türkische Identität zu studieren. An seiner

Bootswand hing das allgegenwärtige Porträt des Staatsgründers, und da hängt es, ich bin mir sicher, noch immer, selbst wenn er bei den aufsehenerregenden Wahlen im Jahr 2002 die gemäßigt religiöse »Partei für Gerechtigkeit und Entwicklung« AKP gewählt haben sollte. Deren Chef Recep Tayyip Erdoğan hat ihm schließlich versprochen, sich Europa zu öffnen, ohne angesichts des weltweiten Islam-Bashings seine Religion verleugnen zu müssen.

Nach ein paar Tagen in der Stadt fahre ich dann durchs Land, um »die wahre« Türkei zu suchen. Die, vor der Europa sich so fürchtet. Aber die Türkei, die die gottlosen Europäer verschleiern und mit ihren Säbeln die Kirchtürme abschlagen will, um Minarette zu errichten, habe ich bisher nicht gefunden. Vielleicht traut sich aber auch keiner, sie mir zu zeigen, weil sie mich alle heiraten wollen. Denn es ist jeden Sommer dasselbe, egal ob ich in Kappadokien bin, am Schwarzen oder am Mittelmeer: Ich sitze in einem Café, betrete eine Pension oder will mir Wasser an einem Kiosk kaufen. Bedient werde ich von dem vielleicht 22jährigen ältesten Sohn des Besitzers. Oder dem Besitzer selbst, einem vielleicht 40jährigen Junggesellen. Kaum hören Cem oder Kemal oder Bülent, daß ich einen türkischen Vater und einen deutschen Paß habe, erkundigen sie sich erregt nach meinem Familienstand. Ach, ledig? »Ich will unbedingt nach Deutschland!« Oh, und der Vater selbständig? »Ich kann gut arbeiten, ich mache so ziemlich alles, in unserer Familie bin ich der Fleißigste!«

Und wenn ich so einen Cem frage, wie um alles in der Welt Typen wie er es wagen, einer Frau, die sie seit zwei Minuten kennen, einen Heiratsantrag zu machen, grinst er nur und weiß keine richtige Antwort und erzählt von seinem Land, mit dem es bergab gehe, mit diesen unbeholfenen Politikern, die gleichzeitig nach Westen und Osten zu lächeln versuchten, bis sie anfingen zu schielen und alles

Geld in der eigenen Tasche landen würde, und daß man deshalb raus müsse, wolle man den Anschluß an die Welt nicht verlieren. Und die Welt, das ist: Amerika. Oder, notgedrungen, weil's näher liegt, Deutschland. Da will er hin. Um fast jeden Preis. Einmal hat mich einer gefragt, ob es stimme, daß Deutschland auch ein Meer habe. Von da könne man sich nämlich einfacher reinschmuggeln.

Sicher, es gibt auch in der Türkei Ultranationalisten und Islamisten. Es gibt militante Gruppen wie die türkische Hisbollah, auf deren Konto zweitausend Morde gehen soll (und die lange Zeit von den Regierungen gerne geduldet wurde, weil sie sich auch gegen Kurden wandte), es gibt Bewunderer der Taliban und andere Spinner, die von einem islamischen Weltreich mit einem Kalifen an der Spitze träumen. Es gibt Fundamentalisten, die auf offener Straße für eine Wiedereinführung der Scharia demonstrieren. Und es gab die Bombenanschläge vom November 2003 in Istanbul. Andererseits: es gibt all diese Gruppen und Anschläge auch und gerade weil die Türkei sich längst entschieden hat. Islamistischen Hardlinern gilt sie als Verräter, ist das Land doch USA-Verbündeter, NATO-Mitglied und unterhält freundschaftliche Beziehungen zu Israel.

Die Energie und Entschlossenheit, mit der sich die Türkei gerade in den letzten Jahren auf den Weg in den Westen macht, ist erstaunlich. Ist manchmal beängstigend, mitunter lachhaft. Denn oft schlägt in der türkischen Brust auch ein stolzes osmanisches Herz, das wütend registriert, wie das Land mit seiner mächtigen Vergangenheit seit Jahrzehnten um Europa wirbt und von diesem behandelt wird wie ein Kreuzberger Gemüsehändler, dessen billige Ware man seit Jahrzehnten schätzt, der aber vergeblich auf den versprochenen unbefristeten Mietvertrag wartet. Also pfeift mancher Türke auf Europa. Und kann doch nicht davon lassen. Es ist dieses Neben-, Durch- und Miteinander im türkischen Seelenleben, von dem hier erzählt werden soll.

»Im Galopp aus dem fernen Asien kommend und sich wie ein Stutenkopf ins Mittelmeer vorstreckend, das ist das Land – unser Land«, beschreibt der türkische Volksdichter Nazim Hikmet die Türkei. Nomaden waren die Türken schon immer. Die ersten Aufzeichnungen über die Turkvölker stammen aus dem sechsten Jahrhundert nach Christus und weisen ihnen als Urheimat ein karges, wüstenähnliches Steppenland zu – irgendwo zwischen dem Altai und dem Ural. Kein Wunder, daß sie da weg wollten. Umso mehr, als vom Norden her die Mongolen sie bedrängten. Mensch und Tier zogen weiter, immer in Richtung Westen. Wobei man sich diese Nomaden nicht als friedliche Hirten mit Zottelbart und Wuschelschaf vorstellen darf: Es wurde um Land gekämpft, geraubt und getötet, was das Zeug hielt. Gute Krieger waren wichtig für das Überleben dieser Völker und entsprechend geachtet, und einige türkische Sozialwissenschaftler sagen, deshalb sei bis heute die türkische Gesellschaft so militaristisch geprägt. Der Stamm der Seldschuken dann eroberte Bagdad und drang vor bis nach Ostanatolien, und die Osmanen schließlich schafften es über die Eroberung Konstantinopels bekanntlich fast bis nach Wien.

Unermüdlich waren schon die osmanischen Sultane mit Protz und Prunk bei Hofe bestrebt, Europa zu beweisen, daß es sich bei ihnen keinesfalls um eine Horde ungehobelter Barbaren handelte – augenfälligster Beweis ist der Istanbuler Dolmabahçe Palast. Sultan Abdülmecit ließ ihn ab 1843 bauen, weil ihm das orientalische Topkapı Serail als Herrschersitz zu rückständig schien, und kein von der Wasserpfeife benebelter Disneyland-Architekt hätte ein schaurig-schöneres Versailles-Imitat errichten können. Auch und gerade als es mit ihrem Reich zunehmend bergab ging, suchten die Sultane das Heil im Westen: Selim III. wollte Ende des 18. Jahrhunderts das Militär mit neuen Strukturen dem europäischen angleichen, und die Tanzimat, ab 1839 erlassene Neuregelungen, orientierten sich in ihrer Reformierung von unter anderem Verwaltung, Recht und Bildung ebenfalls an Europa. Und schließlich kam Atatürk, der bekannteste, radikalste und erfolgreichste Reformer und bei allem eisernen Willen zur Unabhängigkeit auch ganz persönlich wohl einer der glühendsten Verehrer, die die westliche Kultur je gehabt hat.

Seit es mit der kriegerischen Ausbreitung ein Ende hat, holt man sich das gelobte Land eben nach Hause. Das fängt mit dem Dolmabahçe Palast an, geht über die um 1900 so beliebten Istanbuler Kaffeehäuser im Pariser Stil weiter und hört bei den Clublounges im heutigen Nachtleben nicht auf.

Wenn man um die Türkei Angst haben muß, dann eher, weil sie zu einem schlechten Abklatsch des Westens zu werden droht. Denn die jahrhundertelange Sehnsucht nach westlicher Anerkennung und ein unbändiger Fortschrittswille hat die Türken zu wahren Meistern im Kopieren und Variieren gemacht – im Kopf die Träume von der großen weiten Welt, in den Händen aber nur bescheidene Mittel, sie umzusetzen.

Warum sollte es nicht funktionieren wie mit den Fremdwörtern, die man ebenfalls einfach aufschnappte und so aufschrieb, wie sie sich anhörten? Aus Jazz wurde zum Beispiel *Caz*, die Reservation heißt *reservasyon*, das Taxi ist ein *taksi*, der Container ein *konteyner*, der Trenchcoat ein *trençkot* und Restaurants preisen ihre Spezialität als *spesiyal* an. Man beachte auch die von Imbißbuden in Deutschland gern präsentierten gefüllten »oberginen«.

Und so pragmatisch wie mit Wörtern, so unbekümmert geht der Türke eben auch mit Waren um. Die überall angebotenen »Marken«-Hosen, -Taschen und -T-Shirts kennt jeder Urlauber. Aber solange es den betroffenen Unternehmen nicht auffällt, taucht auch immer wieder ein Fast-Food-Restaurant mit kühn geschwungenem großem gelbem »M« auf oder ein Steakhaus, das »Blockhouse«-Atmosphäre verspricht. *Modern* ist ein Lieblingswort der Türken, weshalb auch wohlhabendere Landsleute ihre Terrasse nicht unbedingt deshalb im Neonlicht erstrahlen lassen, weil es so viel billiger ist (deshalb die Röhren der Männercafés!), sondern so schön hell und *modern*.

Was aus dem Westen kommt, besonders aus Deutschland oder den USA, gilt prinzipiell als hochwertig und fortschrittlich. Früher waren die Koffer meiner Familie für den Sommerurlaub in der Türkei voll mit Bestellungen der Verwandtschaft. Und meine Mutter wunderte sich, warum ihr Mann bei den bewundernden Blicken seiner geliebten Sippschaft sich außer den silbernen Kugelschreibern und der goldenen Uhr nicht auch noch Hemd und Hose vom Leib riß. Sämtliche Onkel und Tanten wußten erstaunlich gut über einzelne Marken Bescheid, und es passierte schon mal, daß einem von ihnen bei der Mitbringsel-Übergabe für einen Moment die Gesichtszüge entglitten, wenn sich der erwartete Braun-Rasierer als No-Name-Produkt entpuppte. Wir sind nie in den Osten gefahren, aber so ungefähr stelle ich mir die Versorgung der DDR-Verwandtschaft mit Care-Paketen vor – nur, daß man es in der Türkei nicht nur öffentlich tun durfte, sondern mußte, weil ohnehin die gesamte Nachbarschaft beziehungsweise das halbe Dorf Anteil nahm an der neuen Ausstattung.

Schon damals hatte es keinen Sinn, der Verwandtschaft klar zu machen, daß manches Lebensmittel in der Türkei mindestens genauso gut schmeckt oder ursprünglich sogar aus ihrem Land stammt, und bis heute, da es in den Supermärkten praktisch alles zu kaufen gibt, hat sich das besondere Flair gehalten, das Produkte aus dem Westen umweht. In Illustrierten bildet die Kosmetikwerbung oft deutsche Packungen ab, nur der Text erklärt die herausragenden Eigenschaften von Duschgel oder Hautcreme auf türkisch. Die auch in der Türkei erfolgreiche US-Serie »Sex and the City« inspirierte eine Journalistin im Sommer 2003 zu einem Bestseller über das Liebesleben der Türkinnen, und natürlich haben Hochglanzmagazine wie »Cosmopolitan«, »Bazaar« oder »Max« längst türkische Ableger, gibt es türkische Computerzeitschriften und Reisemagazine nach ausländischem Vorbild.

Das legendärste, im ganzen Land gern zitierte Beispiel aber, an das auch die türkischen Medien und Kabarettisten immer wieder gern erinnern, ist die Manie, die die weltweit berühmteste US-Serie der achtziger Jahre in diesem Land auslöste: Das türkische Pendant zu »Generation Golf« müßte »Generation Dallas« heißen. Nicht nur, daß die eine Hälfte der Städterinnen sich die Haare färbte und föhnte wie Sue Ellen und die andere herumlief wie Pamela Ewing – auch im kleinsten anatolischen Dorf traf man sich allwöchentlich vor dem Bildschirm des Dorfältesten. Und während die versammelte Mannschaft die Intrigen der Millionärsfamilie Ewing verfolgte, flochten Großmütter mit Pluderhose und Kopftuch ihren Enkelinnen die Haare zu »Lucy-Zöpfen«, genau solchen, wie Lucy Ewing sie trug. Daß die pummelige Blondine nicht nur das hübsche Nesthäkchen, sondern auch die Familienschlampe war, störte niemanden.

Viel wichtiger aber ist natürlich der Siegeszug des Computers auch in der Türkei. Wie tief der Glaube an die Kraft dieses Gerätes ist, wie ganz und gar die Türken ihn in ihr

Herz geschlossen und in ihre Kultur aufgenommen haben, zeigt schon allein die Tatsache, daß der Computer nicht »kompjuter« heißt, sondern ein eigenes Wort bekommen hat: *Bilgisayar*, »Wissenszähler«. Und das Internet ist die hoch und heilig verehrte Quelle zu Reichtum, Ruhm und Glückseligkeit. Nicht ohne Grund schaffte es bei einer Internet-Umfrage des amerikanischen »Time«-Magazins zu den wichtigsten Persönlichkeiten des 20. Jahrhunderts beinahe Atatürk auf Platz 1 (schließlich knapp geschlagen von Winston Churchill): Jeder Türke, der kann, ist drin, und das voller Enthusiasmus. Diyanet, die direkt dem Staatspräsidenten unterstellte oberste türkische Religionsbehörde, mußte auf zahlreiche besorgte Anfragen eines Tages ganz offiziell erklären, daß auch religiösen Frauen das Chatten mit Männern erlaubt sei: »Solange die Kommunikation islamische Glaubenssätze nicht verletzt und moralisch zu vertreten ist«, sei dagegen nichts einzuwenden, schließlich dürften Frauen ja auch am Telephon mit ihnen fremden Männern kommunizieren.

Jeder Student scheint eine eigene Webpage im Netz zu haben, gern voller Bilder »ich als Baby«, »ich beim Grillen«, »ich mit neuem Auto«, damit Verwandte und Freunde, und als solche gilt letztlich die gesamte Community, sich über Hobbys und Urlaubsreisen informieren können. Die Präsenz türkischer Ämter und Behörden im Netz ist vorbildlich. Und ein Unternehmen oder gar Hotel ist erst mit eigener Webpage komplett, und diese wiederum erst mit möglichst lauter Musik oder einem Feuerwerk an Flash-Effekten. Auch der Besitzer der kleinsten Pension läßt sich gerne vom Cousin oder Nachbarsjungen etwas zusammenbasteln. Denn es ist natürlich vor allem die Jugend, die sich auf den Computer stürzt und in jeder Form von E-Business einen Ausweg aus der Krise sieht. In der Türkei wird in rekordverdächtigem Ausmaß schwarz gebrannt. Die Branche schätzt, daß mindestens die Hälfte der verwendeten Computerprogramme illegale Kopien sind, und unzählige Straßenhändler verkaufen selbstgebrannte CDs und DVDs.

Manchmal scheint es, ein Land voller Tatendrang und Wißbegier will in Rekordzeit aufholen, was es jahrhundertelang verschlafen hat. Ahmed Riza, geistiger Vater der revolutionären Jungtürken, denen auch Atatürk angehörte, schrieb 1885 an seine Schwester: »Obwohl die Araber viele berühmte Gelehrte auf dem Gebiet der Geometrie, Algebra, Astronomie, Geographie und Medizin zur Zeit des Propheten Muhammad und seiner Nachfolger hervorgebracht haben, ist die Gemeinde von Muhammad tausend Jahre später so tief gefallen, daß sie für dreieinhalb *kuruş* beim Gehilfen des Krämers Georgios anschreiben läßt. Wir verdanken dies unseren verdammten, unwissenden Vorbetern und Theologen, die das Wort Gottes verdreht haben und behaupten, daß er mit dem Wort ›Wissenschaft‹ allein die Lektüre des Koran gemeint habe... Aus diesem Grund liest niemand die Werke westlicher Wissenschaftler.«

Aber das Tempo und der Stil, in dem Versäumtes nachgeholt wurde und wird, hat »die Gemeinde von Muhammad« aufgebracht, und hundert Jahre nach Ahmed Rizas Brief hatte ihr anschwellendes Murren einen Höhepunkt erreicht. Das Wiedererstarken der Religion hat zwar dank des rabiaten türkischen Militärs nie eine so radikale Form wie in anderen islamischen Staaten annehmen können, führte aber zusammen mit dem Ärger über die korrupten Alt-Politiker Ende 1995 zu einer ungewöhnlich hohen Wahlbeteiligung und einem Sieg der *Refah Partisi* (RP), der fundamental-religiösen Wohlfahrtspartei Necmettin Erbakans. Aufgeregt suchten Politik und Militär seine Regentschaft zu verhindern, aber nach endlosen Querelen unter den Altparteien mußte man Erbakan ans Ruder lassen. Die folgenden Jahre waren ein ständiger Machtkampf zwischen dem gewählten Ministerpräsidenten und dem laizistischen Militär.

Das Militär paßt auf, daß religiöse Fundamentalisten nicht die Oberhand gewinnen, und es sorgt für Ordnung bei innenpolitischem Chaos. Aus diesem Grund haben viele konservative Türken gegen seinen Einfluß wenig einzuwenden. Doch die Kehrseite sind Menschenrechtsverletzungen und eine Selbstherrlichkeit, die vor allem linke türkische Intellektuelle bei allem Widerwillen gegen religiöse Fanatiker unermüdlich für mehr Demokratie kämpfen lassen.

Der Kampf zwischen der RP und dem Militär führte das Land – wieder einmal – in eine schwere Krise. Denn er war gleichzeitig ein unaufhörliches Ringen einer überwältigenden Volksmeinung mit dem von Atatürk geprägten Geist der Republik. Schließlich traf sich am 28. Februar 1997 der Nationale Sicherheitsrat (MGK) zu einer Sitzung. Der MGK ist eigentlich ein Berater-, faktisch ein Entscheidungsgremium, in dem die Generäle das Sagen haben. Ihre Entscheidung: Erbakan wurde der Rücktritt »nahegelegt« und fortan jegliche politische Arbeit untersagt, seine Partei verboten.

Seitdem ist »*28 şubat*«, der 28. Februar, in der türkischen Öffentlichkeit zu einer Chiffre geworden. Für die einen drückt sie die Unterdrückung einer demokratisch gewählten Partei aus, die anderen sehen darin den nachdrücklichsten Beweis der Entschlossenheit, mit der sich das Land islamistischen Kräften widersetzt und immer widersetzen wird. Jeder beschäftigt sich damit. Medien leuchten bis heute in Reihen wie »Die andere Seite des 28. Februar« die politischen Hintergründe des »sanften Putsches« aus, und auch westlich orientierte Intellektuelle, die nicht dem konservativen Lager angehören, nennen dieses Datum, wenn sie begründen sollen, warum sie keine Angst vor einer Islamisierung der Türkei haben.

Dem 28. Februar 1997 folgte das für die Türkei typische Auf und Ab in wirtschaftlicher und politischer Hinsicht. Und nach einer Zeit der relativen Ruhe, mit zahlreichen Reformen in der Rechts-, Sozial und Wirtschaftsgesetzgebung, mit der Festnahme von PKK-Chef Abdullah Öcalan und der Anerkennung des Landes als Kandidat für eine EU-Vollmitgliedschaft 1999, bricht die Türkei im Frühjahr 2001 unter der schwersten Wirtschaftskrise seit Ende des Zweiten Weltkriegs und einer darauf folgenden Regierungskrise zusammen. Da der Staat seit Atatürks Zeiten über die Hälfte der Fabriken und Banken kontrolliert, hat sich ein Geschwür aus Korruption und Filz und Subventionen gebildet, das jetzt aufzuplatzen droht – bis heute sehen übrigens viele türkische Finanzfachleute im gigantischen Beamtenapparat von Ankara das Hauptübel für die wirtschaftlichen Schwierigkeiten der Türkei. Anfang 2001 wird die Lira um fast 50 Prozent abgewertet, und die Banken verlangen astronomische Zinsen. Schätzungen sprechen von einer halben Million kleinerer Gewerbetreibender, die Konkurs anmelden müssen, weil sie auf ihren Waren sitzenbleiben oder Kredite nicht mehr zurückzahlen können, insgesamt sollen über eine Million Menschen ihre Arbeit verloren haben. Ministerpräsident Bülent Ecevits Weigerung zurückzutreten, verschärft die Krise – allerdings ist er wenigstens unbelastet von den haarsträubenden Korruptionsskandalen, die tagtäglich ans Licht kommen. So gibt es tatsächlich keine wirklichen Alternativen zu Ecevit, was auch das Militär weiß und in diesem Fall nicht eingreift.

Schließlich holt der Ministerpräsident aus den USA den Wirtschaftsfachmann und ehemaligen Weltbank-Vizechef

Kemal Derviş, der als Retter in der Not den Internationalen Währungsfond davon überzeugen soll, der Türkei das versprochene Milliardendarlehen früher zur Verfügung zu stellen und stark aufzustocken. Unter der Auflage weiterer und schneller Reformen verspricht der IWF sechzehn Milliarden Dollar, als Garant für die Umsetzung gilt Derviş. Nun will dieser aber möglichst viele politische Kräfte unter dem ehemaligen Außenminister Ismail Cem bündeln. Ecevit, der die Hälfte der Abgeordneten seiner sozialdemokratischen DSP an Cems gerade erst gegründete Neue-Türkei-Partei (YTP) verloren hat, wendet sich von Derviş ab und verweigert weiterhin, obwohl müde und schwer krank, einen Rücktritt.

Unter diesen Umständen ist es kein Wunder, daß, als es im November 2002 endlich zu Neuwahlen kommt, wieder der wegen seiner religiösen Grundierung von der Elite geschmähte Außenseiter einen glänzenden Sieg erringen kann: Die erst im August 2001 gegründete AKP Recep Tayyip Erdoğans erreicht 34,2 Prozent aller Stimmen. Weil die von Atatürk gegründete CHP die einzige andere Partei ist, die nicht an der Zehn-Prozent-Hürde scheitert, aber nur 19,5 Prozent erreicht, verfügt die AKP über die absolute Mehrheit im Parlament.

Als politischer Ziehsohn von Erbakan und Mitglied in dessen *Refah*-Partei war Erdoğan ab 1994 viereinhalb Jahre lang Istanbuls Oberbürgermeister. Und das Volk liebt ihn, ist er doch einer von ihnen, aufgewachsen in der Metropole, wo er als junger Koranschüler auf der Straße Limonade und Gebäck verkaufte, um das Familieneinkommen aufzubessern und sich ein Management-Studium zu ermöglichen. Ein Mann, der wenig gesehen hat von der Welt und besser arabisch als englisch spricht, aber eine Kämpfernatur. Seine Karriere schien beendet, als ihm 1998 jedes politische Amt verboten wurde, weil er einst auf einer Wahlkampfveranstaltung, ein islamisches Gedicht zitierend, gesagt haben soll: »Die Demokratie ist nur der Zug, auf den wir aufsteigen, bis wir am Ziel sind. Die Moscheen sind unsere Kasernen, die Minarette unsere Bajonette, die Kuppeln unsere Helme und die Gläubigen unsere Soldaten.« Doch als stärkste Partei räumt die AKP im Parlament die rechtlichen Hindernisse aus dem Weg, und seit dem März 2003 regiert die AKP unter dem Ministerpräsidenten Recep Tayyip Erdoğan die Türkei.

Politische Beobachter sind sich einig, daß die Wahl der AKP weniger ein Bekenntnis zum Islam als vor allem eine Abwahl der bestehenden Parteien war. Und so stieß die AKP auch die Untersuchung der Korruptionsskandale unter den alten Regierungschefs an, schließlich will sie sich als *Ak Partisi* profilieren, die »reine Partei«. Fünfzehn Ausschüsse wurden eingesetzt – ihr vorläufiges Ergebnis: Die Vetternwirtschaft und persönliche Bereicherung der alten Garde sollen den Staat 150 Milliarden Dollar gekostet haben. Unermüdlich sind Erdoğan und seine Partei damit beschäftigt zu demonstrieren, daß es sich bei ihnen keineswegs um eine islamistische Partei vom Schlage der *Refah* handelt. Erdoğan gibt sich geläutert. Er habe nicht ohne Grund eine eigene Partei gegründet, die jedem Fundamentalismus fernstehe: »Ich bin nur ein gläubiger Moslem und ein konservativer Demokrat.« Und tatsächlich beschimpfen die Fundamentalisten außerhalb und innerhalb der Partei ihn als Verräter, der einst einer der ihren gewesen sei und nun in schicken Anzügen auf Cocktailparties mit den Amerikanern plaudere.

In der EU sieht Erdoğan eine politische Wertegemeinschaft, keine religiöse, und die Türkei teile unbedingt die politischen Werte Europas. Trotzdem versetzt der Wahlsieg nicht nur Europa in Angst und Schrecken. Bislang galt eine Politik im Sinne Atatürks als Garant für eine glorreiche Zukunft der Türkei in der EU. Atatürk hat den Islam aus dem öffentlichen Leben verbannt, weiß jeder Türke. Die EU hat Angst vor dem Islam. Also ebnet Atatürks Vermächtnis den Weg in die EU. Daß das kemalistische Militär ebenso wie Ankaras Beamtenapparat nationale Interessen von einer Mitgliedschaft bedroht sieht, wird gern übersehen. Und in den letzten Jahren sind es tatsächlich vor allem nationalistische Unruhestifter, die Europa den Kopf schütteln lassen. Besonders gern nutzen sie den Gesetzesparagraphen 301 über die »Verunglimpfung des Türkentums«, um für negative Schlagzeilen in der internationalen Presse zu sorgen. »Verunglimpfungsparagraphen« hat fast jeder Staat (in Deutschland ist es Paragraph 90 des Strafgesetzbuches), aber nur in der Türkei scheint er neuerdings tatsächlich wieder rege Anwendung zu finden, um mißliebige Intellektuelle vor Gericht zu bringen. Bekanntestes Beispiel ist die Anklage gegen den Friedenspreisträger des deutschen Buchhandels Orhan Pamuk im September 2005, weil der Schriftsteller in einem Interview den Mord an den Armeniern zur Sprache gebracht hatte. Das Gericht lehnte die Klage ab, aber der gewünschte Mediencoup war den Nationalisten gelungen: Gegner eines türkischen Beitritts hatten einen erneuten scheinbaren Beweis, wie rückständig es um die Meinungsfreiheit des Landes bestellt sei. Und derselbe, in der Türkei inzwischen berühmt-berüchtigte Anwalt Kemal Kerinçsiz versuchte im Juli 2006, die renommierte Schriftstellerin Elif Shafak vor Gericht zu bringen – und zwar nicht weil sie selbst, sondern weil eine von Shafaks Romanfiguren »das Türkentum beleidigt« habe. Eine türkische Zeitung spottete, ob in der Türkei in Zukunft also fiktionale Charaktere vor Gericht zu erscheinen hätten. Und die AKP profitiert von dem fragwürdigen Verhältnis zwischen Atatürk und der Demokratie: Gerade, indem sie mit ihren Reformen an manchen Heiligtümern der Kemalisten rührt, macht sie die Türkei EU-tauglich. Und schlägt so zwei Fliegen mit einer Klappe: Für die Islamisten unter ihren Anhängern übt sie Kritik an Atatürk und treibt gleichzeitig die von den Kemalisten ersehnte Anbindung an den Westen voran.

Und so ist die Verwirrung des Westens nichts im Vergleich zu der Ratlosigkeit der türkischen Kemalisten. Diese relativ dünne, aber dank ihrer Bildung, ihrer Stellung und vor allem ihres Selbstbewußtseins keineswegs einflußlose Bevölkerungsschicht versteht die Welt nicht mehr. Ausgerechnet Erdoğan, dieser schnauzbärtige Koranschüler, zerrt das Land mit seiner komfortablen Mehrheit im Parlament und einer Reform nach der anderen dichter an die EU, als es je war? Was führt er im Schilde, ist er ein Wolf im Schafspelz, der mit Hilfe der EU das Osmanische Weltreich wiedererrichten will, diesmal bis weit über Wiens Grenzen hinaus? Denn eigentlich hassen die Kemalisten nichts so sehr wie die AKP. Ihren Mitgliedern wird jede Namensnennung mit einer Beharrlichkeit verweigert, die an den finsteren Lord Voldemort erinnert, der in »Harry Potter« meist als »Du-weißt-schon-wer« auftaucht. AKP-Mitglieder heißen nur »die Rückständigen«, gerne werden Schnauzbartträger auch mit ekelverzerrtem Gesicht »die Schwarzbärte« genannt. Meine Tante boykottierte eine Zeitlang den in seiner Allgegenwärtigkeit mit Bahlsen vergleichbaren Kekshersteller Ülker, weil der »irgendwas mit den Rückständigen« zu tun hat, und lutschte demonstrativ amerikanische Karamelbonbons. Und natürlich würde sie niemals eine Flasche »Cola Turka« anrühren, jenes Produkt, das ausgerechnet in den Juli-Tagen 2003 auf den Markt kam, als das US-Militär im Nordirak elf türkische Soldaten gefangengenommen hatte, und prompt für einen kurzeitigen Pepsi-Boykott sorgte. Andererseits: Wenn ich meine Verwandtschaft frage, was sich im Alltag für sie geändert hat, dann sind immer dieselben Sätze zu hören: »Es ist viel besser geworden. Ich sag es nicht gerne, aber es ist viel besser geworden.« Die Ülker-boykottierende Tante, die in einer staatlichen Einrichtung arbeitet, schwärmt von Management-Seminaren, die jetzt an ihrem Arbeitsplatz angeboten würden, und daß es dank einer neuen, straffen Organisation endlich ein Ende habe mit der ineffektiven Verschwendung. Ein Freund erzählt, daß bei ihm neuerdings nach Leistung befördert werde und nicht, weil man den Nachbarn vom Cousin der Frau des Chefs kenne.

Am deutlichsten zeigt sich die komplexe Rolle der AKP für die türkische Gesellschaft an den Frauen. Natürlich gibt es AKP-Anhänger, auch Frauen, die die goldenen, von Atatürk und der westlichen (Un-)Kultur ungetrübten Zeiten herbeisehnen. Die den Platz der Frau in der Familie sehen. Aber für viele, gerade traditionell erzogene Frauen tauchte mit einer Partei wie der AKP endlich eine Möglichkeit auf, sich ohne Aufgabe der Werte, mit denen sie schließlich aufgewachsen waren, aktiv am öffentlichen Leben zu beteiligen. Endlich konnten sie in Auseinandersetzung mit dem Koran, aber nicht unbedingt gegen ihn, um Frauenrechte kämpfen. Die, denen von den strengkonservativen Eltern früher noch nicht einmal eine Grundschulausbildung erlaubt worden wäre, können jetzt endlich die Schwelle vom privaten zum öffentlichen Leben überschreiten, sich gar politisch betätigen. Als Wahlhelferinnen arbeiten zum Beispiel, oder für Ämter kandidieren. Sich in der islamischen Frauenbewegung engagieren, die ebenso wie die westliche gegen das Bild der Frau als schmucke Barbiepuppe für Männer kämpft. Alles unter dem Schutz des Kopftuchs: »Das gibt mir Selbstbewußtsein«, sagte etwa das knapp dreißigjährige AKP-Mitglied Tülin Ataş in einem

Fernsehinterview. »Es ist fast so, als würde ich einen Button tragen: Jetzt zeige ich meine Identität. Man könnte es mit dem Coming-out eines Homosexuellen vergleichen.« Diese Einstellung beschert übrigens gerade Touristinnen interessante Erfahrungen: Während die moderne Istanbulerin gerne die weltweit gültige Zickenregel befolgt, wonach Interesse und ein Lächeln als schrecklich uncool gelten, sind Frauen mit Kopftuch meist ausnehmend freundlich, sehr an der Fremden interessiert und mit einem entspannten Humor gesegnet, besonders dann, wenn sich der universelle Frauenplausch zum Thema »diese Männer!« ergibt.

Aus der entschlossenen Wanderung gen Westen ist seit 1999, seit der Anerkennung der Türkei als Kandidat für Beitrittsverhandlungen, ein Sprint geworden, und, so hofft das Land, ein Endspurt. Um die Kopenhagener Kriterien zu erfüllen, wird ein Reformpaket nach dem anderen verabschiedet, das die Türkei insbesondere in Sachen Meinungsfreiheit und Polizeiwillkür westlichen Demokratien angleichen soll. Für die Polizei gibt es regelrechte Nachhilfekurse in Sachen Menschenrechte, Richter sollen an Weiterbildungsprogrammen teilnehmen. Und selbst wenn die Entscheidungen, wie etwa der weltweit aufsehenerregende Beschluß, dem Nationalen Sicherheitsrat tatsächlich nur noch beratende Funktion zuzubilligen, oder die Abschaffung von Gesetzen wie jenem, das Strafminderung bei Ehrenmorden vorsah, in der Praxis vorerst wenig ändern sollten – die symbolische Bedeutung läßt sich gar nicht hoch genug einschätzen.

Auch die Medien beteiligen sich an den Vorbereitungen und informieren ihre Leser über die »EU im Alltag«: »Wenn die neuen Schuhe drücken, steht die EU hinter Ihnen«, verkündete das Magazin »aktüel« im Sommer 2003 und erläuterte den Verbrauchern nicht nur Garantiezeiten und Umtauschregelungen, sondern auch das reformierte Strafrecht. Man dürfe und solle sich im Straßenverkehr nicht mehr benehmen wie ein Rowdy – sich aber auch nicht mehr die »uns allen so bekannten Schikanen und Schläge« gefallen lassen, wenn man wegen Nichtigkeiten aufs Revier bestellt werde: »Verlangen Sie einen Anwalt!«

Dann kommt der November 2003. Innerhalb weniger Tage verüben islamistische Extremisten Bombenattentate auf zwei Synagogen, das britische Konsulat und eine britische Bank in Istanbul. Über sechzig Menschen sterben, Hunderte werden verletzt. Die Anschläge fügen der ohnehin ächzenden Stadt eine neue, tiefe Wunde zu. Aber sie bäumt sich wütend auf. Premierminister Erdoğan findet vor der Presse klare Worte: »Ich verdamme und verfluche die Leute, die das getan haben, egal welche Gruppe oder welche Ideologie dahintersteckt. Ich hasse und verabscheue die Anstifter und die Vollstrecker dieses Attentats«. Boulevardblätter titeln in riesigen Lettern »Sie können uns nicht vernichten«. Entschlossene Kommentatoren versichern: »Fünf Bomben, zehn Bomben, hundert Bomben werden uns nicht von unserem Ziel abbringen.« Andere wiederum wettern wütend gegen die Auflagen der EU: »Auf ihren Druck hin sind wir ›demokratisch‹ geworden«, haben »Polizisten, Staatsanwälten, Gerichten ihre Vollmachten genommen und deren Rückgrat gebrochen«. Die Überzeugung der kemalistischen Hardliner, das Land bekomme jetzt die Quittung für diesen neumodischen Kram namens Demokratie, ähnelt auf unheimliche Weise der Argumentation der Fundamentalisten, die derartige Anschläge als eine Gottesstrafe sehen, ausgeführt durch Allahs treue Diener.

Am 17. Dezember 2004 ist es endlich soweit: Auf ihrem Brüsseler Gipfel beschließen die Staats- und Regierungschefs der Europäischen Union, im Oktober 2005 die Beitrittsverhandlungen mit der Türkei zu beginnen. Zuvor hatten sich Gegner und Befürworter in den Medien wochenlang erbitterte Kämpfe geliefert, in denen die Skeptiker zwischen Religiosität und Fundamentalismus mitunter wenig unterschieden und berechtigte Bedenken zugunsten diffuser Ängste in den Hintergrund treten ließen. Nie zuvor, sagen die Eliten in der Türkei und europäische Beobachter fassungslos, sei einem Land der Beitritt schwerer gemacht worden. Und selbst die breite Masse scheint allmählich die Nase voll zu haben: Waren 2002 noch 74 Prozent der Türken für einen EU-Beitritt, so stürzte die Zahl im Sommer 2006 auf 57 Prozent ab.

Andererseits tut auch Erdoğan sein Möglichstes, den Westen mit seinem aggressiven Auftreten zu verprellen. So verkündet er etwa inmitten der Beitrittsgespräche im Juni 2006, das EU-Mitglied Zypern weiterhin nicht anerkennen zu wollen, da nehme er eben auch einen Stillstand der Verhandlungen in Kauf.

Die Zypern-Frage ist ein zentraler Bestandteil der Beitrittsverhandlungen, die sowohl ein konkretes Beitrittsdatum nennen, als auch Schutzklauseln vorsehen, um etwa ein wirtschaftliches Ausbluten der EU zu verhindern und die Türkei unter einen gewissen Handlungsdruck zu setzen.

Erfahrungsgemäß wird es mindestens zehn Jahre dauern, bis das Land bereit ist für die ersehnte Vollmitgliedschaft. Genug Zeit für die Türkei zu begreifen, daß es mit Absichtserklärungen nicht getan ist, übertriebener Nationalstolz innerhalb eines Bündnisses fehl am Platz ist und auch die beeindruckendsten Reformen erst zählen, wenn sie in die Tat umgesetzt wurden und den Alltag einer Gesellschaft prägen.

Doch die Entwicklung, die die Türkei in den letzten Jahrzehnten durchgemacht hat, ginge über die Kräfte jeden von einem sicheren, freien und begüterten Leben so verwöhnten Europäers. Kein Wunder, daß die Türken manchmal zwischen islamischen Wurzeln und westlichen Werten hin- und herschlingern wie Boote in stürmischer See. Ärgerlich, daß die Türkei in Rekordzeit Verblüffendes leistet und einen vernünftigen Partner abgibt, um im nächsten Moment durch die politische Landschaft zu trampeln wie ein größenwahnsinniges Seldschukenpony. Wer immer aber die Türken im besten Fall als putzige Osmanen belächelt und sie im schlimmsten als fanatische Bauern verachtet, der denke daran: Die zwei Seelen, die angeblich in der deutschen Brust kämpfen, sind nichts im Vergleich zu den Kräften, die gegenwärtig an der Türkei zerren.

Manchmal habe ich allerdings den Eindruck, ohne eine EU-Debatte würden sich die Türken schrecklich langweilen. Wann immer ich in der Türkei meine Verwandtschaft treffe, kommt die Sprache früher oder später auf die EU. Als wir im Sommer wieder einmal zusammen an der Küste saßen, schlug eine meiner Tanten vor: »Schreib, daß ich noch nie zum Beten in einer Moschee war und Europa keine Angst vor mir haben muß.« Ein Onkel prustete verächtlich und sagte: »Nein, schreib, daß wenn unser dämliches Volk seinen Laden endlich auf Vordermann gebracht hat, die marode EU um Aufnahme in die Türkei flehen wird!« Da rollte mein in Amerika studierender Großcousin mit den Augen und meinte: »Schreib, daß ich finde, die Türkei sollte lieber 51. Bundesstaat der USA werden.«

Kleine Aussprache-Hilfe

Eigentlich ist Türkisch ganz einfach: Man spricht alles so, wie man es schreibt. Allerdings gibt es einige Besonderheiten hinsichtlich der Buchstaben. Die wichtigsten:

c: wie »dsch«

ç: wie »tsch«

ğ: ein unbetontes Dehnungs-h. Am besten, man ignoriert es einfach

h: wird immer gesprochen

ı: eine Art nachlässiges, kehliges e, ähnlich dem, das im Deutschen oft am Ende eines Wortes gesprochen wird, in »Halle« zum Beispiel oder »Kelle«

j: kommt in Fremdwörtern aus dem Französischen vor und wird auch so gesprochen, wie in »Journal«

s: wie »ß«

z: wie das deutsche »s«

Bei Doppelkonsonanten und -vokalen wird immer jeder einzeln betont, man stelle sich einen Bindestrich zwischen ihnen vor.

Für die Silbenbetonung läßt sich keine Regel aufstellen, die Trefferquote wird aber ungleich höher liegen, wenn man grundsätzlich die letzte und nicht die erste Silbe eines Wortes betont.

Das Kapitel »Darf ich vorstellen: meine türkische Oma« ist die erweiterte Version eines Artikels, der am 3. August 2002 in der Serie »Der schönste Platz der Welt« in der »Welt« erschien.

Den Balkon von Istanbul gibt es nicht mehr. Fast alle, mit denen ich dort viele Sommer verbracht habe, sind in den letzten Jahren gestorben. Ihnen möchte ich dieses Buch widmen. Ganz besonders zweien: meiner Oma und meiner Großtante. Ich vermisse Euch sehr.

Literaturhinweise

Die wichtigste Informationsquelle für dieses Buch war natürlich in gut türkischer Manier meine gesamte türkische Verwandtschaft, der hier ein herzliches Dankeschön zugerufen werden soll: *Hepinize çok teşekkür ederim!*

Außerdem waren vor allem folgende Bücher eine wertvolle Hilfe und werden es jedem sein, der sich näher mit dem Thema beschäftigen will:

Kurz und knapp und kenntnisreich informiert Udo Steinbach über die »Geschichte der Türkei«, vor allem im 20. Jahrhundert (Beck, München 2001).

Eine Fundgrube zu Atatürk ist Andrew Mangos »Atatürk. The Biography of the Founder of Modern Turkey« (The Overlook Press, Woodstock / New York 2000); eine dicke, detaillierte Analyse und Beschreibung seines Lebens mit unzähligen Zitaten und hilfreichem Register.

Halil Gülbeyaz hat eine lebendige, anekdotenreiche Biographie geschrieben: »Mustafa Kemal Atatürk. Vom Staatsgründer zum Mythos« (Parthas, Berlin 2003). Interessant und gewissermaßen sehr »türkisch« ist dabei übrigens auch Gülbeyaz' Schwanken zwischen Kritik und Bewunderung.

Einen nützlichen, knappen Überblick gibt Bernd Rills rororo-Bildmonographie »Kemal Atatürk« (Reinbek 1985).

Von ihren Erlebnissen mit einer in den Kinderschuhen steckenden Archäologie erzählt die amerikanische Journalistin Dora Jane Hamblin in »Türkei – Land der lebenden Legenden« (Lübbe, Bergisch Gladbach 1975).

Alles über türkische Musik in Deutschland weiß Martin Greve, »Die Musik der imaginären Türkei« (Metzler, Stuttgart u. Wien 2003).

Die Zitate des preußischen Generalfeldmarschalls Helmuth von Moltke, der zum Aufbau eines Heeres nach europäischem Muster als Berater das Osmanische Reich bereiste, stammen aus seiner unterhaltsamen Briefsammlung »Unter dem Halbmond. 1835–1839« (Erdmann, Tübingen 1981).

Istanbul-Liebhaber finden in Klaus Kreisers »Istanbul. Ein historisch-literarischer Stadtführer« (Beck, München 2001) eine Fülle interessanter, skurriler und kommentierter Originaltexte aus osmanischer Zeit.

In türkischen Buchhandlungen bekommt man Ekrem Işıns »Everyday Life in Istanbul« (YKY, Istanbul 2001), eine schön bebilderte Sammlung sozialgeschichtlicher Aufsätze zum Istanbul vor allem des 18. und 19. Jahrhunderts.

Nur auf türkisch gibt es die von M. Sabri Koz herausgegebene Aufsatzsammlung »Yemek« (Kitabevi, Istanbul 2002) zu allem, was man über die türkische Küche wissen möchte.

Bereits erschienen:
Gebrauchsanweisung für...

Amerika
von Paul Watzlawick

Amsterdam
von Siggi Weidemann

Barcelona
von Merten Worthmann

Bayern
von Bruno Jonas

Berlin
von Jakob Hein

die Bretagne
von Jochen Schmidt

China
von Kai Strittmatter

Deutschland
von Maxim Gorski

Dresden
von Christine von Brühl

das Elsaß
von Rainer Stephan

England
von Heinz Ohff

Florenz
von David Leavitt

Frankreich
von Johannes Willms

Genua und die
Italienische Riviera
von Dorette Deutsch

Griechenland
von Martin Pristl

Hamburg
von Stefan Beuse

Indien
von Ilija Trojanow

Irland
von Ralf Sotscheck

Italien
von Henning Klüver

Japan
von Gerhard Dambmann

Kalifornien
von Heinrich Wefing

Köln
von Reinhold Neven Du Mont

London
von Ronald Reng

München
von Thomas Grasberger

New York
von Verena Lueken

Niederbayern
von Teja Fiedler

Paris
von Edmund White

Polen
von Radek Knapp

Portugal
von Eckhart Nickel

Rom
von Birgit Schönau

das Ruhrgebiet
von Peter Erik Hillenbach

Salzburg und
das Salzburger Land
von Adrian Seidelbast

Schottland
von Heinz Ohff

die Schweiz
von Thomas Küng

Sizilien
von Constanze Neumann

Spanien
von Paul Ingendaay

Südengland
von Elke Kößling

Südfrankreich
von Birgit Vanderbeke

Südtirol
von Reinhold Messner

Sydney
von Peter Carey

Tibet
von Uli Franz

die Toskana
von Barbara Bronnen

Tschechien und Prag
von Jiří Gruša

die Türkei
von Iris Alanyali

Venedig
von Dorette Deutsch

Wien
von Monika Czernin

PIPER

Jochen Schmidt
Gebrauchsanweisung für die Bretagne

191 Seiten. Gebunden

Sind Sie auch von der Angst getrieben, auf der Reise das Entscheidende zu verpassen? Den märchenhaftesten Wald, das feinste Crêpe, die urtümlichsten Volksfeste oder den erhabendsten Menhir? Das ist nun vorbei. Denn Jochen Schmidt wird Sie einweihen in die Geheimnisse der Bretagne. Er beginnt mit den einfachen Wahrheiten: damit zum Beispiel, daß es in der Bretagne keineswegs immer regnet. Oder daß die bretonischen Frauen schon längst nicht mehr mit diesen seltsamen weißen Röhren als Kopfschmuck die Kühe auf die Weide führen. Es folgen die unangenehmen Wahrheiten: wie zum Beispiel die, daß der Cidre eigentlich ein persisches Getränk ist. Oder daß es bestenfalls noch die Touristen sind, die sich am prasselnden Kaminfeuer bretonische Gruselgeschichten über böse Geister und Kobolde erzählen. Am Ende jedenfalls werden Sie vermutlich mehr über die Bretagne wissen als der Bretone selbst. Und der lebt dort schon, seit die Kelten in Europa zu Hause waren.

PIPER

Martin Pristl
Gebrauchsanweisung für Griechenland

189 Seiten mit 16 Zeichnungen von Kostas Mitropoulos.
Gebunden

Weiße Häuschen vor tiefblauem Himmel, der einsame Esel im Olivenhain und zerfallene Tempel in Athen – jeder kennt Griechenland. Oder glaubt es zu kennen. Und natürlich ist auch etwas dran an der Mischung aus Antike und Urlaubsland. Denn auf Schritt und Tritt stößt man auf die Zeugnisse einer großen Vergangenheit, übt der mediterrane Charme der Kultur zwischen Morgen- und Abendland seinen Zauber auf uns aus. Doch nehmen Sie sich Zeit, setzen Sie sich in ein sonnenbeschienenes Kafeníon, genießen Sie den türkischen Kaffee und schlagen Sie Martin Pristls Buch auf – er zeigt Ihnen Griechenland, wie Sie es noch nicht kennen. Er lüftet das Geheimnis um die menschenleeren, weißen Strände und rückt dem Mythos der griechischen Gastfreundschaft auf den Leib. Und bald werden Sie wissen, warum es in Griechenland doch keine Großfamilien mehr gibt, was es mit der griechischen Improvisation auf sich hat und warum dem griechischen Olivenöl übernatürliche Kräfte zugesprochen werden.